BRUNOT et BONY

MÉTHODE DE LANGUE FRANÇAISE

PREMIER LIVRE

BRUNOT & BONY

Langue Française

Premier Livre

Méthode
de
Langue Française
par
BRUNOT et BONY

Premier Livre, à l'usage de la 2ᵉ année du Cours préparatoire et de la 1ʳᵉ année du Cours élémentaire. 1 vol. in-12, illustré de 76 gravures, cartonné. . . . . » **60**

Le même, LIVRE DU MAITRE : Développement des leçons de grammaire, langage, vocabulaire, corrigés des devoirs, etc. 1 vol. in-12, cartonné. **1 20**

Sous presse :

Deuxième Livre, à l'usage du Cours élémentaire et de la 1ʳᵉ année du Cours moyen. 1 vol. in-12, cartonné. . » »

Le même, LIVRE DU MAITRE. 1 vol. in-12, cart. » »

En préparation :

Troisième Livre, à l'usage du Cours moyen (préparation au Certificat d'études) et du Cours supérieur. 1 vol. in-12, cartonné . . . . » »

Le même, LIVRE DU MAITRE. 1 vol. in-12, cart. » »

LIBRAIRIE ARMAND COLIN, Paris.

ENSEIGNEMENT PRIMAIRE ÉLÉMENTAIRE

MÉTHODE DE LANGUE FRANÇAISE

par

BRUNOT & BONY

Professeur d'Histoire de la Langue française à la Sorbonne.

Inspecteur de l'Enseignement primaire.

Premier Livre

DESTINÉ A LA 2e ANNÉE DU COURS PRÉPARATOIRE
ET A LA 1re ANNÉE DU COURS ÉLÉMENTAIRE

Lecture — Langage — Vocabulaire — Récitation
Grammaire — Composition — Exercices — Écriture

Poésies nouvelles par Alexis Noël.
Illustrations par René Victor-Meunier.

PARIS
Librairie Armand Colin
5, rue de Mézières

1905

AVERTISSEMENT

A l'âge où il ouvre ce livre, — six à huit ans, — l'écolier sait à peu près lire et tenir sa plume; il est donc possible de commencer avec lui l'enseignement de la Langue française, qui doit le mettre en état de lire avec profit, de saisir avec justesse la pensée d'autrui, et d'exprimer la sienne propre de façon à être compris de tous.

Cette Langue française, il la parle, et l'on peut s'appuyer sur ce qu'il en sait déjà pour lui enseigner à faire, avec réflexion, ce qu'il a fait jusque-là par imitation pure : employer les mots justes, les réunir et les prononcer suivant le bon usage, enfin les écrire sous leur forme correcte.

Pour obtenir ces résultats, nous avons préparé, non une suite de règles orthographiques, — règles auxquelles on a trop souvent attaché une importance excessive et que nous avons résolument mises au second plan, — mais bien un ensemble coordonné de leçons de Langue française.

C'est pourquoi on trouvera dans ce PREMIER LIVRE :

Une étude systématique du **Vocabulaire**, *portant d'abord sur le milieu familial et scolaire, puis sur le monde qui environne l'enfant, toujours sur des choses qu'il connaît et non sur des abstractions;*

Des leçons de **Grammaire**, *simplifiées, contenant non plus de sèches et interminables énumérations de pronoms ou de formes verbales, etc., mais réduites et ne portant que sur les éléments essentiels qu'il faut d'abord connaître. Ces leçons sont en outre ordonnées non d'après le vieil ordre des parties du discours, mais d'après un plan rationnel. Enfin, jamais la règle n'y est donnée théoriquement, l'enfant la tire lui-même, de phrases qui lui sont familières, et dans lesquelles une explication aussi claire que possible lui fait découvrir les faits du langage;*

Des **Lectures** *et des* **Récitations**, *qui seront le point de départ d'entretiens familiers propres à rompre l'enfant à l'exercice de la parole réfléchie. Inédits pour la plupart, ces textes sont d'une forme très simple qui ne laisse pas d'être élégante; leur portée morale est indiscutable;*

Des **Gravures**, *qui donneront lieu à des exercices où l'enfant parlera sur des choses qu'il connaît bien, en même temps qu'elles éclaireront les diverses leçons qu'elles accompagnent;*

Enfin de **nombreux Exercices** *oraux et écrits, très variés de forme et attentivement gradués, qui amèneront l'enfant à réfléchir, à s'exprimer, à rédiger, à écrire chaque jour un peu plus correctement. L'exercice machinal a été soigneusement banni.*

Dans tout cet ensemble, l'effort qu'on demande à l'écolier est un effort léger, mais toujours personnel et par conséquent profitable.

LES AUTEURS. LES ÉDITEURS.

Langue Française

PREMIER LIVRE

1. LECTURE : ***Jean et Lou i se.***

Lou i se est dé jà u ne fi llet te : el le a huit ans. Sa fa mi lle par le pa tois. Mais la lan gue de no tre pays est le fran çais. Lou i se est fran çai se : el le veut par ler fran çais.

Son frè re Jean a six ans. Il a é té é le vé en vil le par son on cle, il par le dé jà fran çais; mais il veut sa voir par ler et é cri re au ssi bien que son on cle, il va à l'é co le.

Les deux en fants é tu die ront bien leur le çon cha que jour; ils fe ront a vec soin les ex er ci ces de leur li vre de lan gue fran çai se. Un jour, ils sau ront par ler et é cri re sans fai re de fau tes.

EXERCICES SUR LA LECTURE

2. (*Oral*). 1. Comment se nomme la petite fille? — 2. Sa famille parle-t-elle français? — 3. Quelle langue les Français doivent-ils savoir parler?

3. (*Écrit*). 1. Quel âge a la petite fille ? — 2. Quel âge a le petit garçon ? — 3. Qu'est-ce que les deux enfants étudieront bien chaque jour?

4. ✤ RÉCITATION : *Le le ver.*

De hors, il fait froid; c'est l'hi ver :
Le ciel est gris, la ter re est blan che.
Sept heu res!... Sur mon lit de fer,
Ma mè re ten dre ment se pen che.

En un bond me voi ci de bout!
Je m'é ti re un peu, je gre lo tte...
Mais il ne fait plus froid du tout
Lors que j'ai pa ssé ma cu lo tte.

A près, rien ne do nne plus chaud
Que l'eau fraî che sur la ser vi ette...
Ma man dit : « Es-tu prêt bien tôt,
Jean? La sou pe est dans ton a ssi ette. »

ALEXIS NOËL.

---

5. ✤ VOCABULAIRE : *L'enfant.*

bébé, garçon, fille, fillette, écolier, écolière, camarade, homme, femme, maître, maîtresse.

6. ✤. Copiez les mots du VOCABULAIRE.

7. LEÇON : LES MOTS

Quand je parle, je dis des **paroles :** *maman est très bonne.*

Les paroles sont faites avec des **mots :** *maman* est un mot, *bonne* est un mot.

Quand j'écris, c'est aussi des **mots** que j'écris :

[illegible] du matin

Quand on parle, on ne sépare pas tous les mots les uns des autres. Mais quand on écrit les mots, on les sépare toujours.

Pour parler et pour écrire, on emploie des mots.

Quand on écrit, on sépare toujours les mots.

EXERCICES SUR LA LEÇON

8. Copiez en séparant les mots: lecamarade, unetable, laplume, unepage, laparole, laportedela classe, larobedelapetitefille, le sacdemonami.

9. Copiez quatre mots courts et quatre mots longs dans la RÉCITATION, en réunissant bien les parties de ces mots qui sont séparées dans le livre.

---

10. DICTÉE : *le papa, la lune, une lame, la robe, une jupe, la cave, une cuve, la note, une tape, une rave.*

11. — *la figure, une carafe, la salade, de la farine, une cabane, une savate, le malade, une minute, samedi.*

EXERCICES SUR LA DICTÉE

12. (*Oral*). Comptez le nombre des mots de la 1re DICTÉE : *le* 1, *papa* 2, ...

13. Copiez les mots de la 2e DICTÉE en les numérotant. Écrivez : 1 *la*, 2 *figure*...

14. ÉCRITURE : *A. M. N. Abel, Marie, Nicolas, Amiens, Marseille, Nice.*

15. ✤ LECTURE : ***U ne en fant pro pre.***

Lou i se est u ne pe ti te fi lle bien pro pre.

El le se la ve sou vent tout le corps. Son cou, ses bras, ses pieds sont au ssi blancs que sa fi gu re. El le pei gne ma tin et soir ses longs che veux. El le bro sse ses vê te ments et ci re ses sou liers.

On a plai sir à la re gar der; il vaut mieux ê tre pro pre que d'ê tre bel le.

Jean n'est pas au ssi cou ra geux que sa sœur; il a un peu peur de l'eau froi de. Il a sou vent les mains sa les, sa ma man le gron de.

Jean cher che ra à se co rri ger : il vou dra ê tre co mme Loui se.

EXERCICES SUR LA LECTURE

16. ✤ (*Oral*). 1. Que fait souvent Louise pour être bien propre? — 2. Quand se peigne-t-elle? — 3. Aime-t-on une enfant propre? — 4. Jean est-il aussi propre que sa sœur?

17. ✤ (*Écrit*). 1. Louise est-elle propre? — 2. Jean est-il aussi courageux que sa sœur? — 3. De quoi a-t-il peur?

---

18. ✤ VOCABULAIRE : *Le corps.*

tête, figure, front, nez, bouche, joue, oreille, menton, épaule, dos, poitrine, ventre.

19. ✤ Copiez les mots du VOCABULAIRE.

20. LEÇON : LES SONS : *Voyelles et consonnes.*

Les mots que je dis en parlant sont faits avec les **sons** de ma voix.

Si j'écoute les mots suivants : *il y a du vin dans le verre*, j'entends des mots qui sont faits d'un seul son : *y*, *a*; mais tous les autres ont plusieurs sons; dans *il*, j'entends *i* et *l*; dans *du*, j'entends *d* et *u*.

***Les sons qu'on peut prononcer seuls, comme* y, a, *s'appellent* voyelles.**

***Les autres sons comme* l, d, v, r, *s'appellent* consonnes.**

Sons-voyelles :

a,	é,	è,	i,	o,	u,	eu,	ou,	an,	in,	on,	un.
bras,	*dé,*	*père,*	*nid,*	*pot,*	*rue,*	*feu,*	*sou,*	*cran,*	*vin,*	*son,*	*brun.*

REMARQUE. — Il y a aussi un son-voyelle qu'on n'entend presque pas et qu'on appelle pour cela *e muet* ou *sourd* : *paletot*, *livre*.

EXERCICES SUR LA LEÇON

21. (*Oral*). Dites les sons-voyelles que vous entendez dans :

papa, bébé, mère, maman, école, clou, lime, vin, bleu, bouton, heureux, brun, chemin, papier, plume, maison.

22. (*Oral*). Dites les sons-consonnes que vous entendez dans :

Jules a toujours une figure propre; il ne se barbouille pas les joues avec de la confiture.

23. DICTÉE : *le cou, le jeu, le sou, une meule, le ruban, le lapin, la maman, le neveu, le coude, le sapin, le moulin, une plume neuve, la poule couve.*

EXERCICES SUR LA DICTÉE

24. Copiez la DICTÉE en écrivant d'abord tous les mots où il y a le son *eu*.

25. Copiez les mots où il y a le son *an* et les mots où il y a le son *in*.

26. ÉCRITURE : *U. V. Y. Un, Victor, Yvonne, Ulysse, Voltaire, Yonne.*

27. ❦ RÉCITATION : *Le jeu.*

Si Jean devient un grand garçon,
C'est qu'il fait beaucoup d'exercice.
Aussitôt qu'il sait sa leçon,
Il sort, il saute, il court, il glisse ;
Et puis,
Sans barboter autour du puits,
Il rentre en prenant bien garde aux voitures.
Il aime le ballon plus que les confitures ;
Il joue à la marelle, à cache-cache, au fouet ;
Il se fait de tout un jouet.
Aussi, comme il est adroit et robuste !...
Et ses parents sont fiers de lui : ce n'est que juste.

Alexis Noël.

---

28. ❦ VOCABULAIRE : *Les membres.*

bras, coude, poignet, main, doigt, cuisse, jambe, genou, jarret, pied, talon.

EXERCICES SUR LE VOCABULAIRE

29. ❦ Copiez en soulignant les sons-consonnes : *c*, *p*, *r*.

30. ❦ Copiez deux fois les mots qui ont cinq lettres.

31. LEÇON : — L'ÉCRITURE : *Les lettres.*

Je me sers de **lettres** pour écrire les sons des mots.

Ainsi pour écrire *ami*, je me sers de *a*, de *m* et de *i*.

Il ne faut qu'une lettre pour écrire chacun des sons-voyelles *a* et *i*, et une lettre pour écrire le son-consonne *m*.

Mais quand j'écris *chou*, il faut deux lettres pour écrire le son-voyelle *ou*, et deux lettres pour écrire le son-consonne *ch*.

Il faut toujours au moins deux lettres pour écrire les sons-voyelles suivants :

eu, *ou*, *an*, *in*, *on*, *un*.
jeudi, *route*, *cran*, ***lin***, ***bonbon***, ***lundi***.

Il faut également deux lettres pour écrire les consonnes *ch*, *cheval; gn*, *vigne;* et trois lettres pour écrire *ill*, *feuille*.

Les sons-voyelles et les sons-consonnes s'écrivent tantôt par une, tantôt par plusieurs lettres.

EXERCICES SUR LA LEÇON

32. Soulignez les lettres qui ont servi à écrire les voyelles :

Le bras s'attache à l'épaule, il se plie au coude. Chaque jour, notre besogne exige l'usage de nos deux bras.

33. Mettez les lettres qui manquent :

J. bois d. vin, j. mets d. l'e.. dans m.. v..; j'ai ..ssi b. d. la bi.re, j. n. b..rai j.mais d'.lcool.

---

34. DICTÉE : *Un dindon, une vache, ton mouton, mon carton, la leçon du lundi, une ligne droite, je gagne un bonbon, le vigneron taille sa vigne.*

EXERCICES SUR LA DICTÉE

35. Copiez la DICTÉE en soulignant les voyelles *on*.

36. Écrivez deux fois les mots de la DICTÉE où il y a *gn*.

37. ÉCRITURE : *I. J. H. Isidore, Jean, Henriette, Italie, Jura, Hollande.*

38. LEÇON : LES ACCENTS

Dans le mot *bébé*, les *é* se prononcent avec la bouche fermée; on dit que ce sont des **é fermés.**

Dans les mots *lèvre, tête*, le premier *è* se prononce avec la bouche bien ouverte; on dit que c'est un **è ouvert.**

Dans l'écriture, on distingue souvent ces *é* par des *accents.*

Sur **l'é fermé,** *on met souvent un* **accent aigu** (') : **été.**

Sur **l'è ouvert,** *on met souvent un* **accent grave** (`) : **mère,** *ou un* **accent circonflexe** (^) : **fête.**

Remarque. — *e* qui sert à écrire *l'e muet* ne prend jamais d'accent : *vache, pelote.*

EXERCICES SUR LA LEÇON

39. Copiez en mettant les accents aigus :

A l'entree de notre jardin, on a plante du reseda, de la giroflee, des pensees; plus loin, on voit des legumes, des epinards, de la chicoree.

40. Copiez en mettant les accents graves :

La fermiere a préparé la soupe; Genevieve pose la saliere pres de la soupiere, son frere tire de la biere; le pere rentre tres fatigué.

41. DICTÉE : *Un numéro, une fève, du café, un modèle, la litière du cheval, la fête de ma mère, bébé a obéi, la bête a bu à la rivière, le pré a été fauché.*

EXERCICES SUR LA DICTÉE

42. Copiez la dictée en mettant un point sous les *é* fermés.

43. Copiez les mots de la dictée où il y a un *è* ouvert.

44. ÉCRITURE : *F. P. Félix, Paul, France, Paris.*

45. LEÇON : L'ORTHOGRAPHE

Quand je dis *la mère*, j'entends tout à fait les mêmes sons que quand je dis *la mer*.

Dans *mère*, il y a un *e* muet qu'on n'entend pas; on n'entend pas non plus o dans *paon*, *d* dans *nid*, *s* dans *brebis*, *ps* dans *temps*, *h* dans *homme*, *rhume*.

Il y a donc dans les mots beaucoup de lettres qui ne se prononcent pas, mais qui s'écrivent.

Pour bien écrire, on doit mettre dans les mots les lettres qu'il faut, sans oublier celles qu'on n'entend pas; cela s'appelle mettre **l'orthographe.**

EXERCICES SUR LA LEÇON

46. Soulignez les lettres qui ne se prononcent pas :

Une amie de Julie, une rue écartée, le bord du puits, un habit gris, une herbe fanée, un gros sac de riz, un petit fagot de bois.

47. Ajoutez les lettres qui manquent :

Je lève mon bra., je ne mets pas un doi.. dans ma bouch., j'avance le pie. droit, je brosse mon habi., je le mets sur mon do..

48. DICTÉE : *Une dictée.*

Amélie a lu le texte de notre dictée, à la suite de sa lecture, elle dicte chaque mot. Félicie relit la dictée.

EXERCICES SUR LA DICTÉE

49. Copiez les mots où une lettre ne se prononce pas. Écrivez : *Amélie*, ...

50. Copiez la DICTÉE en soulignant les lettres qui servent à écrire des sons-consonnes.

51. ÉCRITURE : *B. R. Bernard, René, Bordeaux, Reims.*

52. ✤ LECTURE : *Le chien de Jean.*

Jean joue sou vent a vec le bra ve chien Mé dor. Le gen til a ni mal se lai sse ca res ser et mê me bous cu ler sans mor dre l'en fant qui le ta qui ne.

Mé dor est bon au ssi a vec les a ni maux de la fer me : il ne pour suit pas les mou tons ; il n'a boie pas a près le che val lors que ce lui-ci tro tte.

Mé dor n'est pas mé chant ; mais pen dant la nuit il de vient un gar dien ter ri ble. Si un mal fai teur vou lait en trer dans la mai son ou dans l'é ta ble, le chien fu rieux se jet te rait sur lui.

EXERCICES SUR LA LECTURE

53. ✤ (*Oral*). 1. Comment se nomme le chien de Jean ? — 2. Que lui fait Jean ? — 3. Le chien mord-il l'enfant ? — 4. Poursuit-il les moutons ?

54. ✤ (*Écrit*). 1. Avec qui joue souvent Jean ? — 2. Médor aboie-t-il après le cheval ? — 3. Médor est-il méchant ? — 4. Sur qui se jetterait-il cependant ?

55. ✤ VOCABULAIRE : ***Les animaux domestiques.***

cheval, âne, vache, chèvre, mouton, porc, chien, chat, lapin, poule, canard, oie.

EXERCICES SUR LE VOCABULAIRE

56. ✤ Copiez le VOCABULAIRE.

57. ✤ Remplacez les tirets par les mots convenables :

Nous utilisons le lait de la —, l'œuf de la —, la laine du —, le crin du —, la soie du —, la plume du —.

58. LEÇON : MOTS VARIABLES et MOTS INVARIABLES

Je disais : *Notre chien est plus fort que le renard.*

Un camarade s'est dépêché de dire :

Nos chiennes sont aussi plus fortes que les renards.

Ce camarade a employé les mêmes mots que moi; mais il n'a dit comme moi que deux mots : *plus* et *que*. Il a changé tous les autres : au lieu de *notre*, il a dit *nos;* au lieu de *est*, il a dit *sont*, etc.

En écrivant nos deux phrases, je vois aussi qu'il n'y a de pareils que les mots *plus* et *que;* les autres mots ne sont pas pareils : *fort, fortes*; *renard, renards*; ces mots **varient**.

Il y a des mots qu'on ne dit et qu'on n'écrit pas toujours de la même manière : ce sont les mots **variables**.

Les autres mots sont **invariables**.

EXERCICES SUR LA LEÇON

59. Comparez les phrases suivantes et copiez les mots variables :

Le cheval est un animal bien utile, car sans lui le cultivateur ne labourerait pas son champ.

Les chevaux sont des animaux bien utiles, car sans eux les cultivateurs ne laboureraient pas leurs champs.

60. Comparez les phrases suivantes et copiez les mots invariables :

J'arrive tôt à ma place; dès que tu arrives à ta place, je t'appelle et je joue avec toi.

Nous arrivons tôt à nos places; dès que vous arrivez à vos places, nous vous appelons et nous jouons avec vous.

61. DICTÉE : *Le petit poulet.*

Nous avons une jolie poule grise; elle a pondu, elle a couvé. J'ai choisi un petit poulet dans la couvée, je joue avec lui.

EXERCICES SUR LA DICTÉE

62. Copiez les mots où une lettre ne se prononce pas.

63. Copiez les mots où se trouve un *e* muet.

64. ÉCRITURE : *S. L. D. Suzanne, Louise, Denise, Seine, Lyon, Dijon.*

65. ✤ RÉCITATION : ***Mes pa rents.***

Mes pa rents me do nnent la bo nne sou pe chau de qui me nou rrit, les ha bits dont je suis vê tu et le pe tit lit où je m'en dors tous les soirs.

Je gran di rai ; je de vien drai fort, tan dis que mon pè re et ma mè re vi eilli ront. Quand ils se ront a ffai blis et fa ti gués d'a voir tra va illé pour moi, je tra va ille rai pour eux. Je leur do nne rai, à mon tour, de la bo nne sou pe chau de, des vê te ments et un lit, où ils s'en dor mi ront pai si ble ment tous les soirs. A. N.

EXERCICES SUR LA RÉCITATION

66. ✤ (*Oral*). 1. Qui parle ainsi? — 2. Que lui donnent ses parents? — 3. Où s'endort-il? — 4. Comment deviendront ses parents?

67. ✤ (*Écrit*). 1. Que deviendra le petit enfant? — 2. Travaillera-t-il alors pour ses parents? — 3. Que donnera-t-il à ses vieux parents?

---

68. ✤ VOCABULAIRE : ***La famille.***

Père, mère, grand-père, grand'mère, frère, sœur, fils, fille, oncle, tante.

69. ✤ Copiez en commençant par les mots désignant des hommes.

70. REVISION : LES MOTS

Pour parler et pour écrire, on emploie des **mots**.

Les mots parlés sont formés de **sons-voyelles** et de **sons-consonnes**.

On écrit les voyelles et les consonnes avec des **lettres**.

En écrivant les mots, on doit mettre **toutes les lettres** qu'il faut, et ne pas oublier celles **qui ne se prononcent pas**.

Il y a des mots **variables** et des mots **invariables**.

EXERCICES SUR LA REVISION

71. Copiez les trois premières lignes de la RÉCITATION, et soulignez les lettres qui servent à écrire des consonnes.

72. Copiez le texte suivant, et mettez un point sous les *e* muets et un petit trait sous les *é* fermés :

Je ne suis plus un bébé. Le matin, dès que ma mère m'a appelé, je suis vite levé; une fois habillé, j'embrasse mon père, ma mère, je déjeune et me voilà parti pour l'école.

73. Copiez le texte suivant en mettant à la suite de chaque mot le nombre de lettres qu'il renferme :

Le père de famille va travailler aux champs ou à l'atelier. La mère reste à la maison; elle fait le ménage, elle prépare les repas, elle soigne ses enfants.

---

74. DICTÉE : *Le tabac.*

Le père de Victor a défendu à son petit garçon de se servir de tabac; Victor a désobéi, il a écouté un gamin, il a fumé avec lui, il a été malade.

EXERCICES SUR LA DICTÉE

75. Copiez la DICTÉE en mettant un point sous les *é* fermés.

76. Copiez les mots où une lettre ne se prononce pas.

77. ÉCRITURE : *O. Q. C. Octave, Quimper, Camille, Saint-Quentin, Orléans.*

78. ✤ LECTURE : ***Les ca ma ra des.***

Lou i se ai me le jeu. Mais el le ne joue pas sou vent seu le.

El le est heu reu se de voir ses pe ti tes voi si nes, Ca mi lle et Ju lie, ve nir à la mai son a vec la per mi ssion de leur on cle Paul. El le re çoit quel-que fois la vi si te de sa cou si ne Thé rèse; tou tes ces pe ti tes a mies se met tent a lors à jou er à la ra quet te; el les font de lon gues par ties dans la cour sans ja mais se que rel ler.

Les bo nnes ca ma ra des ne se dis pu tent ja mais.

EXERCICES SUR LA LECTURE

79. ✤ (*Oral*). 1. Louise aime-t-elle le jeu? — 2. Aime-t-elle à jouer avec des camarades? — 3. Quelles sont ses camarades? — 4. Qu'est-ce qu'une raquette?

80. ✤ (*Écrit*). 1. Comment se nomment les deux voisines de Louise? — 2. Comment se nomme sa cousine? — 3. Les bonnes camarades se disputent-elles?

81. ✤ VOCABULAIRE : ***Notre histoire.***

Vercingétorix, César, Clovis, Charlemagne, Clotilde, Jeanne d'Arc, Gaule, Gaulois, Rome, Romain, Franc.

82. ✤ Dites ce que nomment le 3e, le 4e, le 5e, le 7e et le 8e mot.

83. LEÇON : LE NOM

Je me nomme *Jean* [1]; je peux dire aussi que mon *nom* est *Jean* [1]; le mot *Jean* [1] est un **nom**.

Je connais un chat qui s'appelle *Minet*. — *Minet* est le **nom** de ce chat.

Mon village se nomme *Étival* [2]. — *Étival* [2] est le **nom** de mon village.

Le mot qui sert à nommer une personne, un animal ou une chose est un **nom**.

1. L'élève dira son véritable nom.
2. L'élève dira le véritable nom du village (ou de la ville) qu'il habite.

EXERCICES SUR LA LEÇON

84. Soulignez les noms dans le texte suivant :

La France se nommait autrefois la Gaule. La Gaule finissait aux Alpes et au Rhin; elle était habitée par les Gaulois; elle fut conquise par les Romains, commandés par César.

85. Écrivez les noms de six enfants que vous connaissez.

86. Dites si chacun des noms suivants est un nom de personne ou un nom d'animal. Écrivez :

André est le nom d'une personne.

André, Justine, Azor, Louis, Mimi, Charlotte, Poulette.

87. DICTÉE : *Un repas.*

Élise dîne avec sa petite amie Juliette; son frère Henri a monté du vin de la cave: il donne un peu de soupe à Médor et à Mimi.

EXERCICES SUR LA DICTÉE

88. Écrivez deux fois les noms de la DICTÉE.

89. Dites pourquoi ces mots sont des noms. Écrivez : *Élise est un nom parce qu'il nomme une personne.*

90. ÉCRITURE : *G. E. T. Gustave, Ernest, Théodore, Grenoble, Évreux, Toulouse.*

91. ✤ RÉCITATION : ***La petite sournoise.***

« Minet, Minet, disait Louise,
Viens jouer avec moi;
Viens, j'ai dans mon panier, pour toi,
Une friandise. »
Minet, tout confiant, s'approche, le dos rond;
Il se frotte, et puis fait ronron...
Elle, sournoisement, lui tire la moustache.
Minet se fâche :
« Ce n'est pas ça, dit-il, que tu m'avais promis;
Adieu. » Faire du mal aux animaux, c'est lâche,
Et les sournois n'ont pas d'amis. A. NOËL.

EXERCICES SUR LA RÉCITATION

92. ✤ (*Oral*). 1. De qui parle-t-on dans ce récit? — 2. Que dit Louise pour appeler le chat? — 3. Le chat est-il venu? — 4. Louise a-t-elle été gentille envers lui?

93. ✤ (*Écrit*). 1. Qu'est-ce que Louise avait promis à Minet? — 2. Mais que lui fait-elle? — 3. Et Minet, que fait-il alors? — 4. Aime-t-on les sournois?

---

94. ✤ VOCABULAIRE : *Notre pays.*

France, pays, patrie, Seine, Loire, Garonne, Rhône, fleuve, rivière, Paris, Lyon, Marseille, ville, village.

95. ✤ Copiez les noms propres, puis les noms communs.

96. LEÇON : NOM PROPRE et NOM COMMUN

Jean[1] est mon nom, mais ce n'est pas celui de mon voisin ; il s'appelle *Charles*[2]. *Jean*[1] est un nom qui n'appartient qu'à certains enfants ; il leur est propre. C'est un **nom propre**.

Mais Jean[1], Charles[2] et aussi François, Louise, sont tous des *enfants ; enfant* est le nom qui leur convient à tous, ce nom leur est commun. C'est aussi un nom, mais un **nom commun.**

Minet est le nom propre d'un chat, *Mimi* est le nom propre d'un autre chat ; *chat* est le nom commun à tous les chats.

Étival[3] est le nom propre de mon village. *Azincourt, Ménil* sont aussi des villages ; *village* est leur nom commun.

Un* nom propre *est le nom particulier d'une personne, d'un animal ou d'une chose.

Un* nom commun *est un nom qui convient à toutes les personnes, à tous les animaux et à toutes les choses de la même espèce.

REMARQUE. — Un nom propre commence par une grande lettre ou lettre majuscule : *Pasteur, France.*

1. L'élève dira son nom. — 2. L'élève dira le nom de son voisin ou de sa voisine. — 3. L'élève dira le nom de son village ou de sa ville.

EXERCICES SUR LA LEÇON

97. (*Oral*). Nommez six noms propres de camarades, trois de chevaux et trois de villes.

98. Copiez les noms du texte suivant, et dites s'ils sont *propres* ou *communs :*

Le papa de Léon l'a mené à la gare de Bordeaux. Un train va partir pour Paris ; la locomotive siffle, le petit garçon regarde.

99. DICTÉE : *Angèle a mené Maria à la rivière ; elle a sali la robe de sa camarade. La mère de Maria grondera sa fille.*

100. Copiez dans la DICTÉE les noms propres, puis les noms communs.

101. ÉCRITURE : *K. X. Z. Kléber, Xavier, Zurich, Kabyle.*

102. ✤ LECTURE : ***La chambre de Louise.***

Louise aime la propreté et l'ordre.

Si on entre dans sa chambre toute simple, on trouve chaque chose à sa place. Les habits de la petite fille sont pendus dans une armoire; ses livres et ses cahiers sont enfermés dans un tiroir.

Regardez : le plancher est aussi bien lavé que la table. Point de taches de doigts sur les murs ni sur la porte, point de poussière sur les chaises.

L'ordre est une qualité. J'aurai une place pour chaque chose et je mettrai chaque chose à sa place.

EXERCICE SUR LA LECTURE

103. ✤ (*Oral*). 1. Qu'est-ce que Louise aime? — 2. Où sont placés ses habits? ses livres? — 3. Comment est le plancher de sa chambre? — 4. Devez-vous avoir de l'ordre?

---

104. ✤ VOCABULAIRE : *La maison.*

Porte, clé, serrure, fenêtre, vitre, mur, pavé, plancher, plafond, façade, toit.

105. ✤ Copiez ces noms en mettant *le* ou *la* devant.

106. ✤ Remplacez les tirets par les noms convenables :

Chaque jour, on balaie le — de notre classe; on ouvre l'une après l'autre chaque —; puis la maîtresse ferme la — avec la —.

107. LEÇON : L'ARTICLE

Je suis assis sur *le* banc. J'écris sur *la* table. Je peux compter *les* bancs et *les* tables de *la* classe.

Devant les noms communs *banc*, *table*, je trouve les mots *le*, *la*, *les*; ces mots sont des **articles**.

Mon camarade a aussi *un* banc, *une* table ; il écrit *des* devoirs sur *du* papier, il a *de la* peine à bien faire.

Devant les noms, je trouve ici d'autres petits mots *un*, *une*, *des* — *du*, *de la*; ce sont des **articles** d'une autre sorte.

Les mots le, la, les — un, une, des — du, de la, _qui se placent devant les noms, sont des_ articles.

REMARQUE. — Devant une voyelle ou une *h* muette, *le* ou *la* devient *l'* : *l'ami*, *l'homme* — *l'école*, *l'histoire*.

EXERCICES SUR LA LEÇON

108. Remplacez les tirets par les articles convenables :

— froid fait souffrir — oiseaux. Près d'— forêt, — rouge-gorge frappe à — fenêtre d'— bûcheron. — petite fille du bûcheron ouvre — croisée de — maison ; — petit oiseau entre.

109. Copiez les noms du texte précédent avec un article.

110. Dans le texte suivant, copiez les noms avec les articles qui sont devant :

Le père de Jeanne est un serrurier. Il pose des serrures, il ajuste des clés. Lorsqu'on bâtit une maison, il met les gonds à la porte et des ferrures à toutes les croisées. Il emploie une lime, un marteau, des tenailles.

111. DICTÉE : *Le petit âne, l'âne de la laitière; le dé de la jeune ouvrière, le dé de l'ouvrière a été perdu; l'élève poli, la grande école, l'école de mon village.*

EXERCICES SUR LA DICTÉE

112. Copiez la DICTÉE en traçant un trait sous les articles.

113. Copiez les noms de personnes, puis d'animaux, puis de choses de la DICTÉE.

114. Copiez les noms de la DICTÉE en mettant *un* ou *une* devant.

115. Copiez les noms précédés de *l'*.

116. ECRITURE : *J'aime la France.*

117. ❦ RÉCITATION : ***Le départ pour l'école.***

« Va, mon enfant, au revoir;
J'irai te chercher ce soir,
Quand tu sortiras de la classe.
Fais bien tout ce que tu dois;
Ne mets pas d'encre à tes doigts.
Va, mon enfant, maman t'embrasse. »

Jean quitte la douce main.
Sa mère, au bord du chemin,
Le suit des yeux jusqu'à l'école.
Lui pense : « Il faut pour le moins
Que je gagne trois bons points.
J'ai promis, je tiendrai parole. »

ALEXIS NOËL.

EXERCICES SUR LA RÉCITATION

118. ❦ (*Oral*). 1. Qui parle ainsi à l'écolier? — 2. Quand sa mère viendra-t-elle le chercher? — 3. Que recommande-t-elle à son enfant?

119. ❦ (*Écrit*). 1. Où va l'écolier? — 2. Qu'est-ce que Jean quitte? — 3. Que désire-t-il gagner à l'école?

---

120. ❦ VOCABULAIRE : *Le matériel scolaire.*

Livre, cahier, ardoise, plume, encre, porte-plume, craie, crayon, canif, sac.

EXERCICE SUR LE VOCABULAIRE

121. ❦ Remplacez chaque tiret par le mot convenable :

Je lis dans un —, j'écris avec une — sur un —, j'écris au tableau avec de la —, je taille mon — avec un —, je mets mes affaires dans mon —.

122. LEÇON : LE GENRE

Je dis : *J'ai* **un** *frère;* mais je ne dis pas : *J'ai* **un** *sœur;* je dis : *J'ai* **une** *sœur*. De même, je dis : *J'ai* **un** *père*, mais *j'ai* **une** *mère*.

On dit : **le** *tableau;* mais on ne dit pas **le** *table;* il faut dire **la** *table*. On dit aussi **le** *mur*, **le** *jardin*, mais **la** *maison*, **la** *rue*.

Les noms devant lesquels on met *le* ou *un* sont **masculins**. On dit qu'ils ont le **genre masculin**.

Les noms devant lesquels on met *la* ou *une* sont **féminins**. Ils ont le **genre féminin**.

Le nom devant lequel on peut mettre **le** *ou* **un** *est un nom* **masculin**.

Le nom devant lequel on peut mettre **la** *ou* **une** *est un nom* **féminin**.

Le masculin et le féminin s'appellent les **genres**.

EXERCICES SUR LA LEÇON

123. (*Oral*). A quoi reconnaissez-vous qu'un nom est masculin? — qu'un nom est féminin?

124. Ajoutez le nom féminin qui manque :

Un enfant a un père et une —, il a souvent aussi un frère et une —, un oncle et une —, un cousin et une —.

125. — Copiez tous les noms du texte suivant en commençant par les noms masculins :

Une fillette part pour l'école. Dans un panier, elle a placé un livre, une règle, un porte-plume, un crayon. La maîtresse regarde ce petit matériel si bien rangé, et caresse la joue de la petite fille.

---

126. DICTÉE : *Louis puni.*

Malgré la défense de sa mère, Louis a joué à la toupie; il n'a pas étudié sa fable. Le petit garçon a été grondé par sa maman, son père l'a puni.

EXERCICES SUR LA DICTÉE

127. Copiez les mots de la DICTÉE où se trouve *ou*, et ceux où se trouve *on*.

128. Copiez les noms de la DICTÉE, en mettant à la suite *nom masculin* ou *nom féminin*.

Gravure de la leçon 135, page 23 →

129. LECTURE : *La classe de Jean.*

La classe de Jean compte quarante élèves.

En avant, près du bureau de l'instituteur, se trouvent ceux qui commencent à lire; ils sont assis sur de petits bancs.

Derrière eux, on voit des enfants de sept à neuf ans qui étudient des leçons et écrivent des devoirs sur leurs cahiers. Jean est avec eux; sa table n'est pas loin du poêle.

L'instituteur n'est presque jamais devant son pupitre, ni assis sur sa chaise; il passe à chaque instant d'une division à l'autre. Pendant qu'il enseigne la lecture aux petits, groupés devant le tableau noir, les autres élèves étudient.

EXERCICES SUR LA LECTURE

130. (*Oral*). 1. Où Jean va-t-il pour s'instruire? — 2. Où sont placés les petits élèves de sa classe? — 3. L'instituteur est-il souvent assis? — 4. Pourquoi?

131. (*Écrit*). 1. Combien la classe de Jean compte-t-elle d'élèves? — 2. Où est placée la table de Jean? — 3. Que fait l'instituteur à chaque instant?

---

132. VOCABULAIRE : *Le mobilier scolaire.*

Table, tableau, banc, estrade, bureau, chaise, armoire, bibliothèque, poêle, horloge.

EXERCICES SUR LE VOCABULAIRE

133. Copiez les noms masculins avec *le*, puis les noms féminins.

134. Remplacez les tirets par les noms convenables :
Je suis assis sur un —, j'écris sur une —, le maître est assis devant un —. L' — indique les heures. Le — nous réchauffe en hiver.

135. LEÇON : LE NOMBRE

Sur la gravure (page 22), je vois deux voitures. Devant la première, il y a *un animal;* cet *animal* est *un cheval.* Devant la seconde, il y a *trois animaux;* ces *animaux* sont *des chevaux.*

S'il y en avait *deux* ou *quatre* comme devant certaines voitures, je dirais encore : je vois *deux, quatre chevaux* ou *des chevaux.* On dit *animaux, chevaux* parce qu'on parle de plus d'un *animal,* de plus d'un *cheval.*

Les noms changent donc, ils *varient* suivant qu'ils désignent une seule personne, un seul animal, une seule chose, ou qu'ils en désignent plusieurs.

Un nom qui désigne **une seule** *personne,* **un seul** *animal,* **une seule** *chose est au* **singulier.** *Il a la forme du singulier.*

Un nom qui désigne **plusieurs** *personnes,* **plusieurs** *animaux ou* **plusieurs** *choses est au* **pluriel.** *Il a une autre forme, celle du pluriel.*

Le singulier et le pluriel s'appellent les **nombres :** *les noms* **varient en nombre.**

EXERCICES SUR LA LEÇON

136. Copiez en soulignant les noms au pluriel :

Pour jouer, un garçon aime les fusils, les tambours, les voitures. Une fille préfère les poupées, les miroirs, les ménages, les raquettes.

137. Copiez en traçant un trait sous les noms au singulier et deux traits sous les noms au pluriel :

Deux élèves sont assis sur un banc; ce banc remplace donc deux chaises. Quand il y a cinq tables dans une rangée, et trois rangées dans la classe, la salle peut recevoir trente élèves.

138. DICTÉE : *Une petite aide.*

Anna aide l'institutrice tous les matins. Elle essuie les tables, le bureau; elle frotte les vitres; elle met de l'encre dans les encriers.

EXERCICES SUR LA DICTÉE

139. Dites pourquoi les noms *institutrice, bureau, encre* sont au singulier.

140. Copiez les noms qui sont au pluriel avec les articles qui les précèdent.

141. ❦ RÉCITATION : ***Marchand de peaux de lapins.***

Le dos rond, traînant le sabot,
Voilà père François qui passe
Conduisant la charrette basse,
Que tire son vieux bourricot.
Entendez son cri sur les routes!
Il n'achète pas que les peaux,
Mais les fers, les chiffons, les os,
Les vieux habits, les vieilles croûtes.
Ma mère, quand il vient chez nous,
Vend tous nos déchets au bonhomme.
Elle dit, en femme économe :
« Pour faire un franc, il faut vingt sous! » A. Noël.

EXERCICE SUR LA RÉCITATION

142. ❦ Complétez le récit suivant : L'âne du père — tire la —. Le marchand achète les —, les —, les —. Une femme vend des — au —.

---

143. ❦ VOCABULAIRE : ***Les vêtements.***

Pantalon, gilet, paletot, veste, veston, chemise. Robe, jupe, jupon, fichu, camisole.

EXERCICES SUR LE VOCABULAIRE

144. ❦ Copiez ces noms en mettant *les* devant. *Les pantalons.*

145. ❦ Remplacez les tirets par les noms convenables :
Je mets des — pour avoir chaud. Sur le corps, j'ai une —. Un petit garçon met un — et un —, une petite fille porte des — et des —.

146. LEÇON : LE PLURIEL

Sur la gravure de la page 24, il y a *un âne;* à la page 25, il y a *deux ânes*. Le premier nom est au singulier, puisqu'il ne s'agit que d'*un;* le second est au pluriel, puisqu'il s'agit de *deux*.

Mais *ânes* au pluriel n'est pas très différent de *âne* au singulier.

Il y a peu de noms qui, en passant au pluriel, changent autant que le nom *cheval* qui fait *chevaux*.

Ane prend seulement une *s* à la fin : *ânes*.

Il en est ainsi de la plupart des noms :

un élève,	*une balle,*	*le jardin.*
des élèves,	*des balles,*	*les jardins.*

On entend l'*s* du pluriel quand le mot suivant commence par une voyelle : *des élèves assidus, des balles élastiques, les jardins exposés au soleil.*

Il ne faut jamais oublier cette *s* en écrivant, même si on ne la prononce pas.

Les noms au pluriel prennent ordinairement une s à la fin.

REMARQUE. — Si le nom au singulier finit par une *s*, on n'en ajoute pas une deuxième au pluriel.

Le vieillard s'appuie sur le **bras** *de son* **fils**.
Le vieillard s'appuie sur les **bras** *de ses* **fils**.

EXERCICES SUR LA LEÇON

147. Copiez les noms de la RÉCITATION qui sont au pluriel.

148. Copiez en mettant les noms de vêtements au pluriel :

Le tailleur fait un paletot, un gilet, un veston, un pardessus. La couturière ourle la chemise, la blouse, le jupon, le tablier, la camisole.

149. Copiez en mettant les noms au singulier :

La mère raccommode des pantalons, la grand'mère tricote des bas, la grande fille répare les jupes, la petite sœur brosse les robes, le petit garçon cire les souliers.

150. Copiez les noms de personnes, puis les noms de choses en mettant *les* devant :

Ma tante a acheté au marché une cravate à mon cousin. Sa petite fille a regardé l'étalage; elle a demandé un canevas et une pelote pour elle, une balle et une toupie pour son frère.

151. LECTURE : *Un enfant poli.*

Jean est un petit garçon poli.

A la maison, il ne demande rien à ses parents sans ajouter : « S'il vous plaît ». Lorsqu'on lui donne quelque chose, il le prend gentiment en disant : « Merci, maman! Merci, papa! »

Dans la rue, si quelqu'un le rencontre et lui pose une question, il salue et répond tout de suite et de bonne humeur.

Lorsqu'il arrive à l'école, il n'oublie jamais de lever sa casquette devant son maître et de dire bonjour aux autres élèves. Voilà un aimable enfant.

EXERCICES SUR LA LECTURE

152. (*Oral*). 1. De qui parle-t-on dans la lecture? — 2. Comment Jean demande-t-il quelque chose à ses parents? — 3. Qui le voyez-vous saluer dans la gravure? — 4. Qui salue-t-il en arrivant à l'école? — 5. Devez-vous ressembler à Jean?

153. (*Écrit*). 1. Qu'est-ce qu'est Jean? — 2. Que dit-il lorsqu'on lui donne quelque chose? — 3. Comment répond-il si on lui pose une question? — 4. Que fait-il en arrivant à l'école?

---

154. VOCABULAIRE : *Les coiffures.*

Chapeau, casquette, béret, képi, bonnet, coiffe, toque, capeline, béguin, capuchon.

EXERCICE SUR LE VOCABULAIRE

155. Remplacez les tirets par les noms convenables :

Sur la tête, je porte un —; mon camarade met un —, une petite fille se coiffe avec un — ou avec une —. Pour saluer, un garçon ôte sa —.

156. REVISION : LE NOM

Le **nom** est un mot qui sert à nommer une personne, un animal ou une chose : *garçon, chien, maison.*

Il y a des noms **propres** et des noms **communs** : *Paris* est un nom propre, *ville* est un nom commun.

Devant le nom commun, on met ordinairement un **article** : **la** *ville*, **un** *garçon.*

Un nom peut être **masculin** ou **féminin** : *le garçon, la ville.*

Un nom peut être au **singulier** ou au **pluriel** : *un chien*, nom singulier; *des chiens*, nom pluriel.

Pour écrire un nom au pluriel, on ajoute ordinairement une *s* à ce nom au singulier : *une maison, des maisons.*

EXERCICES SUR LA LEÇON

157. (*Oral*). Dites trois noms communs de jouets, de fleurs, de fruits, d'arbres.

158. Remplacez les tirets par les noms propres convenables :

Je me nomme —; mon père s'appelle —, ma mère se nomme —. Nous habitons —. La ville la plus voisine est —. La gare la plus rapprochée est —.

159. Écrivez quatre noms propres et quatre noms communs de femmes.

160. Remplacez les tirets par l'un des noms : *mer, fleuve, ville, montagne :*

Paris et Bordeaux sont des —. Le Rhône et la Garonne sont des —. Les Alpes sont des —. La Méditerranée et la Manche sont des —.

---

161. DICTÉE : *Nos aides.*

Coco traîne les voitures, Brunet tire la charrue, Brunette donne du lait, Finaud garde les moutons, Diane chasse les lièvres, Minet détruit les souris.

EXERCICES SUR LA DICTÉE

162. Copiez les noms d'animaux, ensuite les noms de choses.

163. Copiez les noms propres, et mettez à la suite de chacun d'eux le nom commun du même animal. Écrivez : *Coco, cheval.*

164. Copiez les noms communs masculins, puis les noms féminins avec *un* ou *une.*

165. Copiez les noms au pluriel et écrivez-les ensuite au singulier.

166. RÉCITATION : *La soupe.*

Le ciel est bleu, la feuille est verte;
Nous dînons la fenêtre ouverte
Pour laisser entrer le soleil.
C'est maman qui trempe la soupe :
« Mère, coupe-nous du pain, coupe;
Le pain blanc fait le sang vermeil. »

On est bien autour de la table,
Où fume le lait de l'étable!
Ma mère nous dit : « Mes chéris,
Ne renversez pas vos assiettes!
Si le chat mange vos miettes,
Il n'aura plus faim de souris! »

ALEXIS NOËL.

---

167. VOCABULAIRE : *Les couleurs.*

La craie blanche, le tableau noir, le crayon rouge, l'encre violette, le papier bleu, le carton vert, le mur gris, le sac jaune.

EXERCICES SUR LE VOCABULAIRE

168. Copiez le VOCABULAIRE en soulignant les adjectifs.

169. Remplacez les tirets par les adjectifs convenables :

L'hiver, un brouillard — cache souvent le ciel — ou ne laisse voir qu'un pâle soleil —. La terre, — de neige, ne montre plus de gazon —.

170. LEÇON : L'ADJECTIF

A droite de la gravure (page 28), je vois une petite porte; à gauche, je vois une grande porte.

L'une et l'autre sont des *portes; porte* est leur nom; mais l'une est *petite* et l'autre *grande*. Les mots *petite*, *grande* servent à dire comment est l'une et comment est l'autre.

De même quand je parle d'un pont neuf, *neuf* dit comment est le pont. Quand je parle d'un vieux pont, *vieux* dit comment est le pont. Les mots *petite*, *grande*, *neuf*, *vieux* sont des **adjectifs**.

L'adjectif dit une *qualité* bonne ou mauvaise d'une personne, d'un animal ou d'une chose; c'est pourquoi on dit que l'adjectif **qualifie** le nom, et on l'appelle pour cela *adjectif* **qualificatif**.

***Le mot qui dit comment est une personne, un animal ou une chose, est un* adjectif qualificatif.**

EXERCICES SUR LA LEÇON

171. (*Oral*). Quelle est la couleur de vos yeux? — de vos cheveux? — de vos dents? — de votre habit?

172. Copiez en mettant un trait sous les noms et deux traits sous les adjectifs :

Contre le mur blanchi de notre grande classe, on a placé un tableau verni, une armoire vitrée; on y a accroché une belle carte.

173. Copiez les adjectifs de la RÉCITATION.

174. Remplacez le tiret par l'adjectif convenable :

Le rat	est —	rouge
Le corbeau	est —	jaune
Le sapin	est —	gris
Le soufre	est —	blanc
Le lait	est —	noir
Le sang	est —	vert.

175. DICTÉE : *L'enfant malade.*

Un petit garçon gourmand a bu du café noir et de l'eau-de-vie forte; il a été malade. Le médecin lui a donné de la limonade amère. Il a la figure pâle.

EXERCICES SUR LA DICTÉE

176. Copiez les noms avec les adjectifs qui les qualifient.

177. Écrivez : *Noir est un adjectif parce qu'il dit comment est le café. — Gourmand... Amère... Pâle...*

178. ❦ LECTURE : *La sœur obligeante.*

Jean est vif et un peu étourdi : il déchire quelquefois ses vêtements en jouant. Il avait fait l'autre jour une grosse déchirure à son pantalon neuf; il rentra tout penaud.

Mais sa grande sœur a appris à coudre à l'école; vite elle s'empressa de raccommoder de son mieux l'accroc.

La maman s'aperçut bien de ce qui était arrivé; mais, contente de voir que Louise aime bien son jeune frère, elle n'a pas fait trop de reproches à Jean.

Comme Louise, j'aiderai mes frères et mes sœurs.

EXERCICES SUR LA LECTURE

179. ❦ (*Oral*). 1. Quel vêtement Jean a-t-il déchiré? — 2. Comment était-il en rentrant? — 3. Pourquoi? — 4. Que fit sa sœur? — 5. Est-ce bien?

180. ❦ Complétez : Jean déchire... Il avait fait... Sa sœur s'empressa... Moi aussi, j'aiderai mes frères...

---

181. ❦ VOCABULAIRE : *Les formes.*

Un bâton droit, une ligne courbe, un arbre tordu, un trou rond, une table ovale, un tableau carré, un toit plat, un clou pointu.

EXERCICES SUR LE VOCABULAIRE

182. ❦ Soulignez les adjectifs.

183. ❦ Remplacez chaque tiret par un adjectif convenable :

Avec ma règle, je trace un trait — ; avec mon crayon —, je fais un point — ; avec un compas, une ligne —.

184. LEÇON : LE GENRE dans L'ADJECTIF

Le *petit* garçon a dans les mains un *petit* livre, la *petite* fille tient dans ses bras une *petite* poupée.

Petit dit comment est le garçon, le livre. *Petite* dit comment est la fille, la poupée. Ce sont des *adjectifs*.

Petit et *petite* sont un seul et même adjectif. Mais devant les noms féminins *fille*, *poupée*, je ne peux pas dire *petit : une* **petit** *fille*, *une* **petit** *poupée*. Je dois dire : *une* **petite** *fille*, une **petite** *poupée*.

L'adjectif a donc deux formes : une du masculin, quand il qualifie un nom masculin, l'autre du féminin, quand il qualifie un nom féminin.

L'adjectif est au **masculin** *quand il qualifie un nom masculin.*

L'adjectif est au **féminin** *quand il qualifie un nom féminin.*

*On dit à cause de cela que l'adjectif s'***accorde en genre** *avec le nom.*

EXERCICES SUR LA LEÇON

185. Copiez dans la LECTURE les adjectifs au masculin.

186. Copiez les adjectifs et dites pourquoi ils sont au masculin ou au féminin :

La petite Louise a une belle poupée ; sa poupée porte souvent un chapeau rose, une robe grise avec un ruban bleu.

187. Remplacez chaque tiret par l'un des adjectifs *brutal*, *assidu*, *gai*, *gourmand*, *complaisant :*

Un enfant — aime à rire. Un élève — ne manque pas la classe. Un camarade — prête ses jouets. Un domestique — frappe les animaux. Un bébé — mange trop de bonbons.

188. DICTÉE : *La forge.*

Le robuste forgeron retire du brasier fumant une lourde barre de fer rouge et la pose sur la large enclume. Bientôt le métal informe et brut sera une belle pioche pointue.

EXERCICES SUR LA DICTÉE

189. Copiez les adjectifs au féminin avec les noms qu'ils qualifient.

190. Dites pourquoi les adjectifs *robuste*, *fumant*, *informe*, sont au masculin.

191. RÉCITATION : ***Le petit lapin.***

Tous les ans, ma bonne nourrice venait me voir et m'apportait quelque chose. Une fois, d'un air mystérieux, elle me dit : « Mets la main dans mon panier ».

Je croyais y trouver des fruits, mais je sens un poil soyeux et quelque chose qui frémit. C'est un lapin !

Je l'enlève et me voilà courant de tous côtés pour annoncer la bonne nouvelle. Je serrais ce pauvre animal avec une joie qui faillit lui être fatale.

C'est qu'il était si beau mon lapin, avec son nez rose et sa fourrure lustrée comme un miroir. Mme Michelet.

EXERCICES SUR LA LECTURE

192. (*Oral*). 1. Qu'est-ce qu'un lapin ? — 2. Qu'est-ce que la nourrice d'un enfant ? — 3. La nourrice aimait-elle l'enfant ? — 4. L'enfant fut-elle heureuse d'avoir un lapin ?

193. 1. Que dit la nourrice à l'enfant ? — 2. Que trouva l'enfant dans le panier ? — 3. Comment était le nez du lapin ? — 4. Et sa fourrure ?

---

194. VOCABULAIRE : ***Les dimensions.***

Une ville petite ou grande, une vaste place, une porte large ou étroite, une rue longue ou courte, une maison haute ou basse.

EXERCICES SUR LE VOCABULAIRE

195. Copiez les adjectifs qualificatifs.

196. Remplacez chaque tiret par un adjectif convenable :

Au bord d'une — rivière, le pêcheur est assis sur une — pierre ; il tient une — baguette, elle porte une ligne avec un — hameçon.

197. LEÇON : L'ADJECTIF AU FÉMININ

En parlant de la salle de classe, si je dis qu'elle est *haute*, *grande*, j'emploie des adjectifs au féminin, puisque *salle* est un nom féminin.

Ces adjectifs au féminin *haute*, *grande*, ont un *e* muet à la fin. Il en est toujours ainsi quand un adjectif est au féminin.

Mais en parlant du clocher, si je dis qu'il est *haut*, *grand*, les adjectifs *haut*, *grand*, sont au masculin, puisque *clocher* est un nom masculin. *Haut*, *grand*, ne sont plus écrits avec un *e* muet à la fin ; et en prononçant, je ne fais plus entendre la consonne *t* ou *d*, comme lorsque je disais au féminin : hau*t*e, gran*d*e.

Un adjectif écrit au féminin se termine toujours par un e muet. Le même adjectif écrit au masculin n'a, le plus souvent, pas d'e muet à la fin.

Remarques. — I. Il y a pourtant des adjectifs qui ont un *e* muet au masculin : *un chemin larg*e, *un cou propr*e.

II. L'*e* muet qui termine l'adjectif au féminin ne se prononce pas, mais il ne faut jamais oublier de l'écrire : *une réponse exact*e, *une robe clair*e, *une personne poli*e.

EXERCICES SUR LA LEÇON

198. Écrivez au masculin les adjectifs de l'exercice suivant :

Tous les villages n'ont pas une source *suffisante* ou un puits *suf*... pour leurs besoins. On creuse alors une mare *profonde* ou un étang *pr*... La ménagère y lave sa robe *salie* et son linge *sal*... Cette eau est une boisson *mauvaise* pour les hommes et un breuvage *m*... pour les animaux.

199. Écrivez au féminin les adjectifs de l'exercice suivant :

A la campagne, on a un air *pur* et une eau — ; un ruisseau *clair* ou une rivière — arrose la vallée ; le blé *vert* et l'herbe — reposent les yeux ; le muguet *fleuri* ou la pervenche — égaie le bois.

200. DICTÉE : *Une grande ferme.*

On entre dans une large cour pavée ; la maison du riche fermier occupe l'aile gauche d'un vaste bâtiment ; à droite, on voit une écurie claire et une étable profonde.

EXERCICES SUR LA DICTÉE

201. Copiez les adjectifs.

202. Dites pourquoi les mots *pavée*, *vaste*, *claire*, sont des adjectifs.

203. Ajoutez un nom masculin aux adjectifs *large*, *gauche*, *claire*, *profonde*.

204. LECTURE : ***Le petit boudeur.***

Jean a une locomotive à ressort avec quatre wagons peints : l'un est rouge, un autre jaune, et deux sont bruns.

Le petit garçon remonte la mécanique avec une clé, et quand il tire une tige de fer qui maintenait la locomotive, la machine se met en marche et roule à grand bruit avec les wagons.

Une fois, Louise, en jouant avec son frère, a mal posé la locomotive ; le train a tourné trop court et a culbuté. Jean s'est fâché ; il a remis le train dans sa boîte et il a boudé.

S'il boude encore, son papa reprendra wagons et locomotive. Un garçon boudeur ne mérite pas ce joli jouet.

EXERCICES SUR LA LECTURE

205. (*Oral*). 1. Qu'est-ce qu'un boudeur ? — 2. Pourquoi Jean a-t-il boudé ? — 3. Est-ce beau de bouder ? — 4. A qui Jean a-t-il fait de la peine ?

206. 1. Quel jouet a Jean ? — 2. Comment fait-il marcher la locomotive ? — 3. Où Jean place-t-il son train ?

---

207. VOCABULAIRE : ***La résistance.***

Une pierre dure ou tendre, une cire molle, une corde solide, résistante, une gomme élastique, une vitre fragile, une lame flexible.

EXERCICES SUR LE VOCABULAIRE

208. Remplacez les tirets par les adjectifs convenables :

Le maçon casse la brique —, il scie la pierre —. Le ferblantier ploie la tôle —. Le forgeron fabrique un outil —.

209. Mettez les adjectifs convenables au masculin :

Le verre est —, le marbre est —, le beurre est —, l'acier est —, le caoutchouc est —.

210. LEÇON : LE NOMBRE dans L'ADJECTIF

Quand je dis *un crayon dur*, l'adjectif *dur* est au singulier comme le nom *crayon*.

Quand je dis *deux crayons durs*, l'adjectif *durs* est au pluriel, parce que *crayons* est au pluriel. L'adjectif *durs* au pluriel se termine par une *s*, comme le nom *crayons*.

Les autres adjectifs au pluriel se terminent aussi par une *s*. Cette *s* s'entend devant les voyelles : *deux jeunes enfants*.

L'adjectif s'accorde en nombre, comme en genre, avec le nom qu'il qualifie.

Pour mettre un adjectif au pluriel, on ajoute ordinairement, comme pour les noms, une s à la fin :

Le petit garçon, les petits garçons.

Remarques. — I. Si l'adjectif a déjà une *s* au masculin singulier, on n'en ajoute pas une deuxième au pluriel :

Un habit gris, des habits gris.

II. Pour mettre au féminin pluriel l'adjectif qui est au masculin singulier, on ajoute *e* du féminin, puis *s* du pluriel : *petit* : de *petites* mains ; *grand* : de *grandes oreilles*.

EXERCICES SUR LA LEÇON

211. Mettez au pluriel :

On estime le maître savant, l'ouvrier travailleur, le domestique dévoué, le soldat brave, l'ami fidèle, l'enfant soumis. Ecrivez : *On estime les ...*

212. Copiez en traçant un trait sous les adjectifs au singulier, et deux traits sous les adjectifs au pluriel :

La rose est une de nos plus belles fleurs. Elle a des couleurs vives, et répand une odeur délicieuse. Je suis content quand le chaud soleil de juin fait fleurir les roses parfumées de notre petit jardin.

213. DICTÉE : *Un garçon méchant.*

Auguste, le grand domestique blond, doit conduire une lourde voiture de blé au moulin. Le pauvre baudet ne pouvant pas tirer la pesante charge, le mauvais garçon le frappe.

EXERCICES SUR LA DICTÉE

214. Copiez les noms au singulier.

215. Dites le genre et le nombre des adjectifs de la dictée.

216. Mettez au pluriel les noms avec les adjectifs qui les qualifient. Ecrivez :

Des garçons méchants, les grands...

217. ❦ RÉCITATION : ***Les petits pauvres.***

Deux enfants, le long du chemin,
S'en allaient en tendant la main :
« Un petit sou, monsieur, madame...
La charité !... Soyez bonne âme,
Donnez au pauvre qui réclame
Un petit sou. »

De petits sous, Jean n'en a point.
Il offre aux pauvres le bon point
Que vient de lui donner le maître.
Si sot que ça puisse paraître,
Ce bon point valait bien, peut-être,
Un petit sou.

Alexis Noël.

EXERCICE SUR LA RÉCITATION

218. ❦ Complétez le récit suivant: Deux enfants pauvres tendent ...; ils disent : « Un petit ... » Jean n'a point de ...; il offre aux pauvres ...

---

219. ❦ VOCABULAIRE : *Qualités des enfants.*

Un garçon charitable, obéissant, poli, intelligent, prudent. Une fille sincère, modeste, douce, sage, aimable.

EXERCICES SUR LE VOCABULAIRE

220. ❦ Copiez en mettant *Une fille* devant tous les adjectifs.

221. ❦ Remplacez chaque tiret par l'adjectif convenable :

Un garçon — ne se suspend pas aux voitures ; un enfant — n'oublie pas de remercier ; une élève — ne se vante jamais.

222. REVISION : L'ADJECTIF QUALIFICATIF

L'adjectif qualificatif est un mot qui dit comment est une personne, un animal ou une chose : *un frère* **aîné**, *un chien* **méchant**, *du raisin* **noir**.

L'adjectif **s'accorde** en genre et en nombre **avec le nom** qu'il qualifie :

Notre voisin a un grand magasin, une grande maison.
Notre voisin a deux grands magasins, deux grandes maisons.

Un adjectif écrit au féminin se termine toujours par un *e* muet : *une femme âgée, une chèvre gourmande, une robe courte.*

Pour mettre un adjectif au pluriel, on ajoute ordinairement une *s* à l'adjectif au singulier.

L'épicier apporte un litre plein, une bouteille pleine.
L'épicier apporte trois litres pleins, trois bouteilles pleines.

EXERCICES SUR LA LEÇON

223. Complétez par des adjectifs au féminin :

La ville de Semur possède un château intéressant et une cathédrale —, un musée assez bien fourni et une bibliothèque assez bien —, un petit parc très aéré et une promenade aussi très — ; mais elle n'a qu'un commerce peu important et une industrie peu —.

224. Complétez avec l'un des adjectifs *chaud* ou *froid.*

Dans les pays de montagne, dès octobre il souffle un vent —, il tombe de la neige —. On fait du feu pour tenir les appartements —, les salles —, et on porte des vêtements —.

225. Copiez le VOCABULAIRE au pluriel :

Des garçons ...

226. DICTÉE : *Le gentil camarade.*

Lucien a des parents riches ; on lui voit souvent des habits neufs, des jouets superbes.

Mais ce n'est pas un garçon fier : il joue avec les enfants pauvres, il leur prête son joli cheval mécanique.

EXERCICES SUR LA DICTÉE

227. Copiez tous les adjectifs qualificatifs.

228. Dites pourquoi les mots *gentil, neufs, joli,* sont des adjectifs.

229. Écrivez au singulier les noms avec les adjectifs qui les qualifient :

Le gentil camarade, un parent...

230. ✤ RÉCITATION : ***Le chien et le lapin.***

Un jeune lapin prenait l'air au bord de son terrier. Il ne montrait que le bout de son museau rose.

Un chien de chasse, pour le faire sortir de son trou et l'attraper, lui dit : « Viens, gentil petit lapin. Nous courrons ensemble. Je te conduirai dans un pré où l'herbe est bien plus tendre qu'ici ; tu en mangeras à ton aise. »

Le lapin répondit sagement : « L'herbe qui pousse près du terrier de mes parents est meilleure que toutes les autres. Va-t'en ; je ne te connais pas. Je n'écoute que les conseils de mes amis. »

A. N.

EXERCICES SUR LA RÉCITATION

231. ✤ (*Oral*). **1.** De quels animaux est-il question ? — **2.** Qu'est-ce que le chien promettait au lapin ? — **3.** Qu'espérait-il ? — **4.** Que lui répondit le lapin ?

232. ✤ **1.** Où était le lapin ? — **2.** Que montrait-il seulement ? — **3.** Que voulait faire le chien ? — **4.** Le lapin fit-il bien de ne pas sortir de son trou ?

233. ✤ VOCABULAIRE : ***Qualités des animaux.***

Un cheval vigoureux, un bœuf gras, une brebis timide, un chien fidèle, un chat finaud, un loup cruel, un coq matinal.

EXERCICES SUR LE VOCABULAIRE

234. ✤ Copiez en mettant le mot *est* après chaque nom. Écrivez :

Le cheval est vigoureux...

235. ✤ Remplacez chaque tiret par l'adjectif convenable :

Le coq — réveille la maison ; les — brebis s'assemblent autour du berger, le chien — les accompagne, le loup — ne les prendra pas, le berger — tuerait cette bête malfaisante.

236. LEÇON : LE VERBE

Si le maître me demande comment est une chose, par exemple de quelle couleur est le tableau, je réponds : *le tableau* **est** *noir : noir* indique la couleur du tableau. On dit que cet adjectif *se rapporte* au nom *tableau.* Mais entre le nom *tableau* et l'adjectif *noir*, j'ai mis le mot **est** : *le tableau* **est** *noir.* Ce mot sert à marquer que l'adjectif *noir* se rapporte au nom *tableau.* — Je dis de même : *mon frère* **est** *grand, le ciel* **est** *bleu.*

Ce mot *est* s'appelle un **verbe.**

Les noms *tableau, frère, ciel* auxquels je joins un adjectif au moyen du verbe *est*, s'appellent **sujets** du verbe.

Le sujet est presque toujours devant le verbe.

Le mot **est** *qui marque qu'un adjectif se rapporte à un nom est un* **verbe.**

Le nom auquel l'adjectif se rapporte ainsi est le **sujet** *du verbe.*

EXERCICES SUR LA LEÇON

237. Remplacez les tirets par le mot *est :*

La chèvre — vive, capricieuse, vagabonde ; elle — robuste, aisée à nourrir. La grande chaleur lui — agréable ; elle n' — pas effrayée par les orages.

238. Soulignez les sujets :

Le poulain est remuant, l'âne est têtu, la vache est peureuse, le mouton est craintif, le porc est gourmand, le singe est agile, le perroquet est bavard.

239. Mettez les noms précédents au pluriel et à la suite les adjectifs :

Écrivez : *A la foire, j'ai vu des poulains remuants, des...*

240. DICTÉE : *Notre école.*

Le matin, la cour est vide, la classe est propre, le poêle est chaud, une fenêtre est ouverte, le bureau est essuyé, la carte est prête, l'élève est dispos, le retardataire est honteux.

EXERCICES SUR LA DICTÉE

241. Copiez la DICTÉE en mettant une *s* sous les sujets, un *v* sous les verbes.

242. Copiez les adjectifs de la DICTÉE en indiquant s'ils sont au masculin ou au féminin.

243. LECTURE : ***Une promenade.***

Jean travaille bien à l'école, il aide sa maman à la maison; aussi, son papa est très content de lui.

Pour récompenser le petit garçon, le papa de Jean va le conduire en voiture chez son oncle Paul.

Le domestique attelle la jument noire, qui trotte si vite. Le père monte en voiture et prend les rênes du cheval.

Jean grimpe ensuite dans la voiture et il dit au revoir à sa bonne mère. Jean est bien content.

EXERCICES SUR LA LECTURE

244. (*Oral*). 1. Pourquoi le papa de Jean est-il content de son petit garçon? — 2. Qui attelle le cheval? — 3. Où montent les voyageurs? — 4. Qui conduit le cheval? — 5. Que tient-il dans les mains?

245. 1. Que fait Jean à l'école? — 2. Que fait-il à la maison? — 3. Où le conduit son père? — 4. Jean est-il content?

---

246. VOCABULAIRE : *Les actions.*

L'enfant grimpe, parle, regarde. Le cheval marche, trotte. Le fouet claque. Les roues tournent. La voiture avance.

EXERCICES SUR LE VOCABULAIRE

247. Copiez en soulignant les verbes.

248. Remplacez chaque tiret par un des verbes du VOCABULAIRE : La maman —, le chat —, le facteur —, la porte —, les toupies —.

249. Mettez un autre sujet devant les six premiers verbes.

250. LEÇON : LE VERBE

Quand je dis : *Jean travaille*, le mot *travaille* dit ce que fait *Jean*. — *Travaille* est un **verbe** et *Jean* est le **sujet** de ce verbe.

Quand je dis : *la jument trotte*, le mot *trotte* est aussi un **verbe**, parce qu'il dit ce que fait *la jument*. — *La jument* est le **sujet** de *trotte*.

Si je dis : *le soleil brille*, le mot *brille* est encore un **verbe** parce qu'il dit ce que fait *le soleil*. — *Le soleil* est le **sujet** de *brille*.

Le mot qui indique ce que fait une personne, un animal ou une chose est un verbe.

La personne, l'animal ou la chose qui fait ce que dit le verbe est le sujet de ce verbe.

EXERCICES SUR LA LEÇON

251. Copiez huit verbes dans la LECTURE.

252. Tracez un trait sous les verbes :

Un élève entre, un garçon bavarde, un camarade ricane, une petite fille étudie, le moniteur surveille, un crayon tombe, un chien aboie, un chat passe.

253. Remplacez chaque tiret par l'un des verbes : *tire, arrose, scie, laboure, fauche, conduit, vend, enseigne.*

Le cultivateur —, le jardinier —, le moissonneur —, le chasseur —, le cocher —, le menuisier —, le maître —, le marchand —.

254. Donnez à chaque verbe le sujet convenable :

Le — forge, la — lave, le — ramone, la — glane, le — vendange, la — repasse, le — chante, l'— achète.

255. DICTÉE : *A l'usine.*

Le foyer flambe, la chaudière est pleine, la vapeur siffle, la grande roue de la machine tourne, les vitres tremblent, le métier roule, la navette glisse, la bobine dévide, l'ouvrier tisse.

EXERCICES SUR LA DICTÉE

256. Copiez en mettant *v* sous les verbes.

257. Trouvez le sujet de chaque verbe en disant *qu'est-ce qui* avant ce verbe. Exemple : Qu'est-ce qui flambe ? Le foyer. Écrivez : *Le foyer est sujet de flambe.*

258. Donnez un autre sujet à chaque verbe. Écrivez : *Le feu flambe...*

259. RÉCITATION : *L'écolier exact.*

L'esprit content, le pied agile,
En bon petit garçon
Qui sait par cœur sa leçon,
Jean se dirigeait vers la ville.
Dans son chemin, il rencontre René,
Qui lui dit : « Jean, l'heure n'a pas sonné ;
A quoi bon arriver en classe avant la cloche ?
Écoute, j'ai des billes dans ma poche,
Installons-nous ici ;
Jouons, veux-tu ? — Non, répond Jean. Merci !
— Qui te presse ?
On est toujours puni trop tôt !
— Puni ! parle pour toi, dit Jean qui se redresse ;
Je sais ma leçon mot à mot.
Manquer l'école est un vilain défaut,
Cousin germain de la paresse. »

ALEXIS NOËL.

EXERCICES SUR LA RÉCITATION

260. (*Oral*). 1. Comment est l'écolier qui arrive en classe à l'heure ? — 2. Jean sera-t-il exact ce jour-là ? — 3. Est-ce que Jean n'aime pas à jouer ? — 4. Pourquoi ne veut-il pas jouer en ce moment ? — 5. Pourquoi n'a-t-il pas peur d'être puni à l'école ?

261. Complétez :

Un écolier se dirige vers ... ; il rencontre ... Cet enfant lui dit : « Jouons... .... L'écolier dit : « Non ! manquer l'école... »

262. VOCABULAIRE : *Actions des élèves.*

Le bon élève écoute, étudie, observe, progresse. Les mauvais élèves bavardent, chuchotent, ricanent, crient, murmurent.

EXERCICES SUR LE VOCABULAIRE

263. Copiez en mettant : *La bonne écolière..., les mauvaises écolières...*

264. Copiez en écrivant tous les mots au pluriel.

265. Copiez en écrivant tous les mots au singulier.

266. Mettez le verbe convenable :

Un écolier —, un bavard —, un criard —, un enfant attentif —, un homme observateur —, un garçon indocile —.

267. LEÇON : LE NOMBRE dans le VERBE

Quand je dis : *mon frère* **est** *grand* ou *ma sœur* **est** *grande*, le verbe **est** ne change pas; pourtant dans la première phrase, il a un sujet masculin : *frère*, et dans la seconde, il a un sujet féminin : *sœur*. Le verbe ne s'accorde donc pas en genre.

Mais si je dis : *mes frères* **sont** *grands*, le verbe change, parce que son sujet *mes frères* est au pluriel : le verbe **sont** se met aussi au pluriel.

Si je parle d'un élève, je dis : *un élève* **lit**,
Si je parle de plusieurs, je dis : *des élèves* **lisent**.

Lit est au singulier, comme son sujet *un élève; lisent* est au pluriel, comme son sujet *des élèves*.

Le verbe ne s'accorde pas en genre.

Le verbe s'accorde en nombre avec son sujet.

Remarque. — Au pluriel, beaucoup de verbes se terminent par *nt*, qui ne se prononce pas : *les écoliers jouent bien*.

Mais devant une voyelle, le *t* de *nt* se prononce : les *écoliers jouent ensemble*.

EXERCICES SUR LA LEÇON

268. Copiez huit verbes dans la récitation.

269. Copiez en soulignant les verbes qui sont au pluriel :

Le temps est froid, la neige tombe, les rues sont désertes. Les écoliers quittent la classe. Deux garçons se lancent des boules de neige, d'autres glissent sur le ruisseau gelé.

270. Écrivez au pluriel : *Les maisons sont blanches :*

La maison est blanche, le toit est pointu, la cheminée est haute, le poêle ronfle, la chambre est chaude.

271. DICTÉE : *Le vent.*

Le vent souffle avec rage, la maison tremble, la porte remue, la cheminée fume, la girouette grince, l'arbre plie, la feuille vole.

EXERCICES SUR LA DICTÉE

272. Copiez en mettant les sujets et les verbes au pluriel. Écrivez : *Les vents soufflent...*

273. Copiez les verbes en leur donnant d'autres sujets. Écrivez : *Le soufflet souffle ...*

274 LEÇON : LE PRONOM

Léon est sage : **il** *travaille bien.*

Le sujet du premier verbe (*est*), c'est *Léon.* Le sujet du second verbe (*travaille*), c'est *il.* Cependant c'est bien *Léon* qui *travaille;* le nom sujet *Léon* est donc remplacé devant le verbe *travaille* par *il.*

Ce mot *il,* qui tient la place du nom, s'appelle un **pronom.**

Si je veux dire de moi, *Jean,* la même chose que de *Léon,* je ne dis pas : *Jean est sage, il travaille bien;* ce sont les bébés qui parlent comme cela. Je dis : **je** *suis sage,* **je** *travaille bien.*

Ce mot *je,* qui est mis au lieu de mon nom, est encore un **pronom.**

Les mots qui tiennent la place des noms sont des* pronoms. Je, il *sont des pronoms.

EXERCICES SUR LA LEÇON

275. Copiez les pronoms *il* avec les verbes qui suivent :

Le moineau ne vit pas dans les bois, il préfère nos maisons; il fait son nid dans les gouttières. Comme il est paresseux et gourmand, il vit sur le bien d'autrui.

276. Remplacez, quand il le faut, le nom par le pronom *il :*

Louis se lève de bonne heure, Louis fait sa toilette, Louis embrasse ses parents et Louis déjeune. Louis se rend à l'école, Louis ne s'attarde pas.

277. Mettez les pronoms convenables :

Quand mon père m'appelle, — arrive tout de suite, — fais la commission qu' — me commande. Mon père me permet alors de jouer, — m'amuse de bon cœur.

278. VOCABULAIRE : *Actions des animaux.*

Le mouton broute, rumine. Le chien aboie, caresse. Le chat miaule, griffe. Le canard nage, barbote. Le pigeon vole, roucoule.

EXERCICES SUR LE VOCABULAIRE

279. Écrivez au pluriel : *Les moutons broutent...*

280. Copiez en mettant *il* où cela est possible.

Écrivez : *Le mouton broute, il rumine. Le chien aboie, il...*

281. Mettez le verbe convenable :

La vache — dans le pré, le bœuf — à l'étable, la chèvre — comme la brebis. L'oie — dans la boue. L'hirondelle — dans l'air. Le poisson — dans la rivière.

282. LEÇON : LE NOMBRE dans le PRONOM

Si je parle de moi seul, je dis : **Je** *suis attentif*, **j'***écoute le maître*. Le pronom *je* ou *j'* est au singulier, puisque je ne parle que d'une personne.

Si je parle de mon frère et de moi, je dis : **Nous** *sommes attentifs*, **nous** *écoutons le maître*. Le mot **nous** est un pronom, puisqu'il remplace mon nom et celui de mon frère. Ce pronom est au pluriel, puisque je parle de plusieurs personnes.

En parlant d'un seul camarade, j'écris : **il** *est attentif*, mais en parlant de plusieurs, j'écris : **ils** *sont attentifs*. — *Il* est au singulier, *ils* est au pluriel.

Les pronoms au pluriel ne sont pas les mêmes qu'au singulier. **Je** *a pour pluriel* **nous**; **il** *a pour pluriel* **ils**.

Le pronom **varie en nombre.**

EXERCICES SUR LA LEÇON

283. Copiez au pluriel. Écrivez: *Mon ami et moi, nous sommes jeunes, nous...*

Je suis jeune, je suis naïf, je suis faible, je suis étourdi, je suis ignorant, mais je travaille pour devenir un enfant instruit.

284. Ajoutez les pronoms convenables :

Mon père travaille pour moi, — va aux champs dès le matin, — se fatigue pour me gagner du pain, — l'aime bien, — m'applique pour qu' — soit content; — travaillerai pour lui quand — serai grand.

285. Copiez au pluriel :

Le renard mange les poules, — entre dans les poulaillers, — étrangle les poulets; — dévore aussi des oiseaux; — égorge de petits lapins; — est nuisible.

286. DICTÉE : *Le petit pinson.*

Nous jouons dans la cour. Un pinson tombe de son nid, il sautille par terre. Nous approchons, je caresse le pauvre oiseau et je reporte ce petit à sa mère.

EXERCICES SUR LA DICTÉE

287. Copiez en traçant un trait sous les pronoms au singulier et deux traits sous les pronoms au pluriel.

288. Dites quels noms remplacent les pronoms de la DICTÉE. Écrivez : *Nous remplace mon nom et celui de mes camarades.*

289. Devant chacun des verbes *jouons, tombe, sautille,* mettez *je, nous, il, ils.* Écrivez : *Je joue, nous...*

290. ✤ LECTURE : ***L'élève obéissant.***

En rentrant l'autre jour de l'école, le petit Jules dit à sa maman : « Oh ! je voudrais être comme Jean ; notre instituteur le récompense souvent ; ce matin, il lui a encore donné une belle image. Jean n'est jamais puni : il a de la chance ! »

La mère lui répondit : « Je sais pourquoi Jean est si heureux : il obéit bien à son maître, il sait toujours ses leçons, il écrit avec soin ses devoirs, il ne fait jamais ce qui est défendu. Je te conseille de l'imiter. Tu réussiras à ton tour : ce que tu appelles *avoir de la chance*, c'est *se donner de la peine*. »

EXERCICES SUR LA LECTURE

291. ✤ (*Oral*). 1. Quel élève rentrait de l'école ? — 2. De qui parla-t-il à sa mère ? — 3. Pourquoi Jules enviait-il le bonheur de Jean ? — 4. Que lui répondit sa mère ?

292. ✤ 1. Qu'est-ce que l'instituteur a donné à Jean ? — 2. Pourquoi Jean est-il heureux ? — 3. Quelles qualités a Jean ? — 4. Est-ce bien d'être obéissant ?

---

293. ✤ VOCABULAIRE : *Le chauffage.*

Chaleur, froid, cheminée, fourneau, flamme, calorifère chaud, froid. Le bois brûle, le charbon pétille, fume, le feu chauffe, la fumée monte.

EXERCICES SUR LE VOCABULAIRE

294. ✤ Copiez les noms en y ajoutant un adjectif.

295. ✤ Copiez les verbes en mettant *il* devant.

296. ✤ Remplacez chaque tiret par le verbe convenable :

Je — mes mains près du poêle. Le charbon — dans le fourneau. La fumée — dans le tuyau. Une cheminée mal faite —.

297. LEÇON : LA PERSONNE

Quand je parle de moi, je dis : je *suis sage.*
Quand je parle de mon voisin, je dis : il *est sage.*

Je n'emploie donc pas le même pronom quand je dis ce que je fais moi-même et quand je dis ce que fait une autre personne.

Le verbe n'est pas non plus le même. Pour mon voisin, je dis : *il* **est**; pour moi, je dis : *je* **suis**.

Une personne qui parle n'emploie pas les mêmes pronoms quand elle parle d'elle-même ou quand elle parle d'une autre personne : les pronoms **varient** *suivant les* **personnes**.

Le verbe **varie** *aussi en* **personne**.

EXERCICES SUR LA LEÇON

298. Dans la LECTURE, copiez les phrases où *il* remplace le nom *Jean.*

299. Dans la LECTURE, copiez les phrases où la mère parle de Jean, et la phrase où elle parle à son petit garçon de lui-même.

300. Copiez en parlant de vous-même : *Je suis laborieux :*

Le bûcheron est laborieux : il est levé dès l'aube et il gagne la forêt. Il y coupe les arbres, il sépare les branches du tronc, il lie les fagots et il les empile en tas bien rangés. Il prépare ainsi le bois qui nous chauffera.

301. Copiez en disant ceci de votre cousin :

Je joue avec une toupie, je l'entoure d'une ficelle, je la lance avec force, je la regarde tourner; elle s'arrête, je la ramasse et je recommence.

302. DICTÉE : *Un jeu dangereux.*

Georges regarde la flamme du bois. Il jette du papier dans le feu; les bouts de papier brûlent, ils montent dans la cheminée. Si Georges continue, il mettra le feu à la maison.

EXERCICES SUR LA DICTÉE

303. Copiez les pronoms et dites les noms qu'ils remplacent.

304. Indiquez les sujets des verbes de la DICTÉE.

305. Écrivez les verbes, *regarde, continue, monte*, en mettant devant *je, nous, il, ils* : ***Je regarde, nous regardons, il...***

306. ✤ RÉCITATION : *Le pommier.*

Jean rentre de l'école ; il tire de son sac une récompense et sa maman l'embrasse tendrement. Comme c'est l'heure du goûter : « Tiens, petit, voici ton pain ; cours au jardin prendre une pomme : un bon point vaut bien un bon fruit. »

Dans le jardin, pas de pommes au pied de l'arbre. Rien. Le vent n'en a pas fait tomber et celles que Jean aperçoit aux branches sont si hautes qu'il ne peut les atteindre.

« C'est ennuyeux, dit Jean ; comment faire ? Grimper à l'arbre..., maman me l'a bien défendu, et je ne veux pas désobéir. »

Son père, qui l'a entendu, lui dit : « Mon petit Jean, ton travail t'a valu une pomme ; tu en mérites une seconde pour ton obéissance. » Et cueillant les deux plus beaux fruits du pommier, il les tendit à son fils.

---

307. ✤ VOCABULAIRE : *L'éclairage.*

Jour, nuit, lune, allumette, lanterne, électricité. Lumière vive, obscurité profonde. Le soleil brille, la lampe éclaire, j'allume le gaz.

EXERCICES SUR LE VOCABULAIRE

308. ✤ Écrire quatre noms de choses servant à l'éclairage et quatre noms d'appareils d'éclairage.

309. ✤ Remplacez le tiret par le mot convenable :

Pendant le jour, le soleil nous — ; en hiver, la — commence tôt ; pendant la nuit on — une lampe ; on allume avec des — ; dans les villes, on éclaire avec du —.

310. ✤ Copiez les noms, puis les adjectifs, puis les verbes.

311. LEÇON : LA 1re PERSONNE

Pronom et verbe.

Quand je parle de moi, j'emploie le pronom *je* : **je** *suis docile*, **j'***écoute les observations de mes parents.*

Quand plusieurs personnes parlent d'elles-mêmes, elles emploient le pronom **nous**. Si le maître demandait maintenant à toute la classe : *Que faites-vous?* nous répondrions ensemble : **nous** *sommes attentifs*, **nous** *étudions la langue française.*

La personne qui parle est appelée la **première personne.** Les pronoms **je, nous,** sont donc des pronoms de la **1re personne.**

Le verbe qui a pour sujet un pronom de la 1re personne se met aussi à la 1re personne; *suis, écoute, sommes, étudions*, sont des verbes à la 1re personne.

La personne qui parle est la **première personne.**

Le pronom sujet de la 1re personne est **je** *au singulier,* **nous** *au pluriel.*

Le verbe qui a pour sujet un pronom de la 1re personne se met à la 1re personne : **Je suis, nous sommes.**

EXERCICES SUR LA LEÇON

312. Copiez en mettant *je suis* devant chaque adjectif :

Je suis petit, — timide, — docile, — réfléchi, — appliqué, — tranquille, — content, — patient.

313. Écrivez l'exercice précédent au féminin : *Je suis petite;* puis au masc. pluriel : *Nous sommes petits ...*

314. Mettez au pluriel : *Nous épargnons le papier, nous sommes...*

J'épargne le papier, je suis économe; j'écoute ma mère, je suis obéissant; je ne triche pas au jeu, je suis honnête; j'aide les camarades, je suis obligeant.

---

315. DICTÉE : *La lampe.*

Chaque soir, à la lumière de notre lampe, j'étudie une leçon ou je travaille à un devoir. Si la lumière diminue, je tourne la clé et je monte un peu la mèche. Je ne renverse jamais la lampe.

EXERCICES SUR LA DICTÉE

316. Analysez les quatre premiers pronoms. Écrivez :

J' pronom personnel de la 1re personne du singulier, sujet de étudie... Je, pronom...

317. Copiez les verbes en mettant *il* devant et mettez-les au pluriel. Écrivez : *Il étudie, ils étudient.*

318. Mettez la dictée au pluriel. Écrivez : ... *nous étudions...*

319. ✤ LECTURE : ***La fête de la grand'mère.***

Dès le matin, Jean est debout. « Ah ! ma petite sœur, dit-il, c'est donc aujourd'hui la fête de notre grand'mère. Nous irons la voir avec nos parents. Je sais une gentille fable, je la réciterai et ma bonne maman sera bien étonnée. »

Louise songeait aussi à cette fête attendue depuis longtemps. « Je vais vite cueillir dans notre jardin un gros bouquet ; mon père me l'a permis. J'offrirai mes belles fleurs fraîches à grand'mère. »

Bientôt tout est prêt, et la famille se rend chez la vieille grand'maman, qui embrasse tout le monde avec tendresse.

EXERCICES SUR LA LECTURE

320. ✤ (*Oral*). 1. Quand célèbre-t-on la fête de quelqu'un ? — 2. De qui était-ce la fête ? — 3. Qui se préparait à souhaiter cette fête ?

321. ✤ 1. Qu'est-ce que Jean sait réciter ? — 2. Que va cueillir sa sœur ? — 3. Qui conduira les enfants chez leur grand'mère ?

322. ✤ VOCABULAIRE : *L'habitation.*

Maison, chambre, cabinet, cuisine, cave, grenier, étage, escalier. Habitation commode, saine, humide. J'habite, je demeure, je loue, je balaie.

EXERCICES SUR LE VOCABULAIRE

323. ✤ Copiez les noms en mettant devant *mon* ou *ma*. Ecrivez : *Ma maison ...*

324. ✤ Écrivez : *J'habite une maison saine, nous ... il ... ils ...*

325. ✤ Mettez les mots convenables : Notre maison a plusieurs — ; ma mère prépare les repas dans notre — ; mon père met le vin à la — ; je couche dans une — ; j'aime notre —.

326. LEÇON : LA 1re PERSONNE

Adjectif possessif.

Quand je dis : **Mon** *cahier est propre*, **ma** *plume est neuve*, **mes** *livres sont couverts*, devant le nom masculin *cahier*, je mets le mot **mon** ; devant le nom féminin *plume*, je mets le mot **ma**; devant le nom pluriel *livres*, je mets le mot **mes**, pour dire que ces choses sont à moi.

Ces mots **mon, ma, mes** sont des **adjectifs**. Comme ils indiquent la personne qui *possède* les choses nommées, on les appelle **adjectifs possessifs**. Ils sont devant des noms de choses appartenant à la personne qui parle, c'est-à-dire à la 1re personne; ces adjectifs sont donc de la **1re personne.**

En parlant à mes camarades, je dis quelquefois : **Notre** *village est gai*, **notre** *classe est claire*, **nos** *tables sont solides*. Je ne dis plus **mon** *village*, **ma** *classe*, **mes** *tables*, parce que ces choses appartiennent aux autres enfants comme à moi. Elles sont à plusieurs.

Le mot que l'on met devant un nom pour faire connaître qui possède la chose nommée est un **adjectif possessif.**

Lorsque quelqu'un parle de ce qu'il possède, il emploie les adjectifs possessifs de la **1re personne** *:* **mon, ma, mes,** *si la chose appartient à lui seul;* **notre, nos,** *si elle appartient à d'autres en même temps qu'à lui.*

EXERCICES SUR LA LEÇON

327. Copiez dans la LECTURE les adjectifs possessifs avec les noms.

328. Ajoutez les adjectifs possessifs convenables :

Je prête — canif et — gomme à — voisins ; ils veulent quelquefois copier — dictée ou — problèmes ; — maître le défend; nous devons faire nous-mêmes — devoirs.

329. Copiez en soulignant les adjectifs possessifs :

Mon père a loué une maison au bout de notre village. Je suis plus loin de notre école, mais je suis content d'avoir ma chambre près de celle de maman et du côté de notre jardin.

330. Copiez le texte précédent en parlant de vous et de votre frère.

331. DICTÉE : *Notre chambre.*

Notre chambre a été meublée lundi. Ma mère a acheté un canapé, une commode. Mon oncle nous a donné une garniture de cheminée.

EXERCICES SUR LA DICTÉE

332. Copiez la DICTÉE en soulignant tous les adjectifs possessifs.

333. Analysez les adj. poss. Écrivez : *Notre, adj. poss., fém. sing.*

334. LEÇON : LA 2e PERSONNE

Pronom et verbe.

Si je parle de ma sœur à papa, je lui dis : *sœurette* **est** *bien gentille.* Mais si je veux dire la même chose à ma sœur, je lui dis : *sœurette,* **tu es** *bien gentille.*

C'est que je parle maintenant à elle. Parler *de* quelqu'un ou parler *à* quelqu'un, ce n'est pas la même chose.

La personne *à qui* l'on parle est la **deuxième personne.**

Tu, qui est sujet au lieu d'un nom, est un **pronom** ; il est donc de la 2e personne. Le verbe **es** est aussi à la 2e personne. Le pronom **tu** et le verbe **es** sont du singulier, puisque je ne parle qu'à une seule petite fille, ma sœur.

Si je parlais à mes deux sœurs, je leur dirais : *sœurettes,* **vous êtes** *bien gentilles.* **Vous** est le pronom, **êtes** est le verbe de la 2e personne du pluriel.

La personne à qui l'on parle est la **deuxième personne.**

Le pronom sujet de la 2e personne est **tu** *au singulier,* **vous** *au pluriel.*

Le verbe qui a pour sujet un pronom de la 2e personne se met à la 2e personne : **tu es, vous êtes.**

Remarque. — A la 2e personne du singulier, un verbe se termine toujours par une *s : tu parles, tu chantes.*

EXERCICE SUR LA LEÇON

335. Copiez en soulignant les pronoms de la 2e personne :

O paysan, tu laboures les champs, tu les fertilises, tu les ensemences. Tu enterres un grain mort et froid et tu fais monter le blé de la terre ; tu nourris l'homme, nous vivons grâce à ton effort.

---

336. VOCABULAIRE : *Les ouvriers de l'habitation.*

Terrassier, maçon, charpentier, couvreur, plâtrier, menuisier, peintre, serrurier, forgeron. Mur haut, épais, mince. Tu maçonnes, tu couvres.

EXERCICES SUR LE VOCABULAIRE

337. Écrivez : *Je maçonne, tu ... il ... Je couvre, tu ... il ...*

338. Complétez par les mots convenables :

Le — creuse les fondations, le — élève les murs, le — pose la charpente, le couvreur — le toit, le — fabrique les portes, le — place les serrures.

339. LEÇON : LA 2e PERSONNE

Adjectif possessif.

En parlant à mon camarade de choses qu'il possède, je lui dis : **ton** *chapeau*, **ta** *casquette*, **tes** *habits*.

Les mots **ton, ta, tes** sont encore des **adjectifs possessifs**. Comme ils sont placés devant des noms de choses qui appartiennent à la 2e personne, ces adjectifs sont de la **2e personne**.

En parlant à plusieurs camarades de choses qu'ils possèdent, je leur dis : **votre** *chambre*, **vos** *jouets*. Les mots **votre, vos** sont aussi des **adjectifs possessifs**, de la **2e personne**.

Lorsqu'on parle à d'autres de choses qui leur appartiennent, on emploie les **adjectifs possessifs** *de la* **2e personne** *devant les noms de ces choses.*

S'il n'y a qu'un possesseur, on dit : **ton, ta, tes.**

S'il y a plusieurs possesseurs, on dit : **votre, vos.**

EXERCICES SUR LA LEÇON

340. Copiez en soulignant les adjectifs possessifs :

Aime ta maison, petit enfant. Ton premier sourire y a réjoui tes parents, tu y as fait tes premiers pas. Tes frères, tes sœurs et toi, vous y goûtez ensemble vos meilleures joies.

341. Ajoutez les adjectifs possessifs convenables :

Petit ami, tu dois aimer — père, — mère, — sœurs, — village, — pays. Ne gaspille pas — pain, ne casse pas — plume, ne tache pas — doigts.

342. Mettez le texte suivant à la 2e pers. Écrivez : *Tu passes tes...*

Je passe mes jeudis à lire; mon livre est un ami; ma grande joie est d'y lire une belle histoire, et de la dire ensuite à mon grand-père, à ma grand'mère ou à mes petites sœurs.

343. Phrases à compléter :

Je cherche mon dé, ma poupée, mes aiguilles.
Tu — ton — — — — —
Nous cherchons — — — — — —
Vous cherchez — — — — — —

344. DICTÉE : *La mère.*

Votre mère pense toujours à votre bonheur; elle partage vos joies, elle adoucit vos peines, elle se préoccupe de votre santé, elle surveille votre conduite.

EXERCICES SUR LA DICTÉE

345. Copiez en soulignant les adjectifs possessifs.

346. Copiez en parlant à un seul enfant. Écrivez : *Ta mère...*

347. Copiez à la 1re personne en parlant de plusieurs. Écrivez : *Notre mère...*

348. Analysez les adj. poss.

349. ❦ RÉCITATION : ***Le distrait.***

Jean est un bon petit garçon,
Mais il est distrait en diable !
La tête dans ses mains, les coudes sur la table,
Les yeux plongés dans sa leçon,
Vous croyez qu'il travaille?
Non.
Il pense au grenier plein de paille,
Où l'on se culbute si bien,
Il pense à Médor, son gros chien,
Ou peut-être à son chat Moustache,
A la marelle, à cache-cache,
Au cerf-volant qu'on tient au bout d'un fil...
« Jean ! deux et deux, combien ça fait-il? »
A cette question du maître,
Jean regarde par la fenêtre
Et se trouble, et ne répond point...
Jean n'aura pas de bon point.

ALEXIS NOËL.

EXERCICES SUR LA RÉCITATION

350. ❦ (*Oral*). 1. Jean a-t-il des qualités? — 2. Quel défaut a-t-il? — 3. Comment se tient-il en classe? — 4. A quoi pense-t-il? — 5. Que lui demande le maître? — 6. Jean peut-il répondre? — 7. Sera-t-il récompensé? — 8. Que devait faire Jean au lieu d'être distrait?

351. ❦ — Achevez ce récit :

Jean, tu es un bon..., mais tu es... En classe tu penses à la... (jeux), tu ne réponds pas à la..., tu n'auras...

352. ❦ VOCABULAIRE : ***Les meubles.***

Lit, commode, fauteuil, miroir, lavabo, pendule, buffet, canapé. Meuble ciré, verni. Appartement meublé. La ménagère essuie, elle frotte, elle range.

EXERCICES SUR LE VOCABULAIRE

353. ❦ Copiez les noms de meubles en mettant devant *ton* ou *ta*.

354. ❦ Remplacez chaque tiret par le mot convenable :

Chaque jour, je fais la petite —; avec un chiffon, j'— les meubles; je — les fauteuils, je replace le — après avoir balayé derrière.

(Les garçons écriront : ... *ma sœur fait la ..., elle ...*)

355. LEÇON : LA 3e PERSONNE

Pronom et verbe.

Quand je dis : *Jean bâille, il est distrait,* je ne parle pas de moi, quoique Jean soit mon nom. Pour parler de moi, je dirais : *Je bâille;* ce serait la *première* personne. — Je ne parle pas non plus *à* mon ami Jean, sans quoi je dirais : *Jean, tu bâilles, tu es distrait;* ce serait la *deuxième* personne. Mais je parle *de* Jean.

La personne *de qui* l'on parle s'appelle la **troisième personne**. Le verbe *bâille*, le pronom *il*, le verbe *est* sont de la 3e personne.

Si je parle d'une petite fille, je dis : **elle** *bâille*. Le pronom de la 3e personne a donc un masculin *il*, et un féminin *elle*.

Si je parle de plusieurs garçons, je dis : **ils** *bâillent*. Si je parle de plusieurs filles, je dis : **elles** *bâillent*. Le pronom de la 3e personne fait donc son pluriel, comme le nom, en ajoutant une *s*.

La personne de qui l'on parle est la **troisième personne.**

Le pronom sujet de la 3e personne est **il** *au masculin,* **elle** *au féminin singulier. On y ajoute une* **s** *au pluriel :* **ils, elles.**

Le verbe qui a pour sujet un nom ou un pronom de la 3e personne, se met à la 3e personne.

Le verbe **s'accorde en personne** *avec son sujet.*

EXERCICES SUR LA LEÇON

356. Copiez dans la RÉCITATION les verbes à la 3e personne du singulier.

357. Remplacez chaque tiret par *est* ou par *il est* :

Le vieux fauteuil — toujours près de la fenêtre. Grand'mère aime à s'y asseoir. — un peu usé, mais — tout de même si doux et si chaud que souvent elle s'y endort.

358. DICTÉE : *Le lit du bébé.*

Il est tout petit, le lit du bébé; il est placé dans un coin de la chambre. La maman veille l'enfant, elle travaille en silence. Bébé dort; de temps en temps, il remue un peu les lèvres, il rêve sans doute.

EXERCICES SUR LA DICTÉE

359. Copiez la DICTÉE en soulignant les pronoms.

360 Analysez les pronoms.

Écrivez : *Il, pronom personnel, de la 3e personne, du masculin singulier, sujet de est.*

361. ✤ RÉCITATION : ***Les enfants et le vieillard.***

Le père Mathieu revenait du moulin traînant sa charrette à bras. La route montait; la charrette était chargée de gros sacs de farine; le père Mathieu était tout essoufflé et la sueur coulait sur son front semé de cheveux blancs.

Cinq petits enfants passaient sur la route.

« Père Mathieu, nous allons vous aider », dirent-ils.

Les enfants se placèrent derrière la charrette et la poussèrent de toute leur force. C'était plaisir de voir ainsi ces enfants réunir leurs efforts pour soulager un vieillard.

GUYAU.

EXERCICES SUR LA RÉCITATION

362. ✤ (*Oral*). 1. D'où venait le père Mathieu? — 2. Comment était la route? — 3. Comment était le père Mathieu? — 4. Que lui dirent les enfants? — 5. Que firent-ils ensuite?

363. ✤ Complétez le récit suivant :

Le père ... revenait ...; il traînait ... chargée ... Cinq enfants ...; ils aidèrent ...

364. ✤ VOCABULAIRE : *Les ustensiles.*

Seau, cuvette, brosse, balai, pot, cruche, robinet, marmite, casserole, chaudron, fourneau, cuiller, fourchette, couteau. Plat récuré, assiette ébréchée. La cuisinière épluche, coupe, hache.

EXERCICES SUR LE VOCABULAIRE

365. ✤ Écrivez les noms d'ustensiles en commençant par : *La ménagère nettoie son* (ou *sa*)...

366. ✤ Remplacez chaque tiret par le mot convenable :

Pour préparer la soupe, la — puise de l'eau dans un —; elle verse l'eau dans une —. Elle — ensuite les légumes avec son —, et les lave dans une —.

367. LEÇON : LA 3e PERSONNE

Adjectif possessif.

Si je parle à Jacques *du seau, de la cuvette, des brosses* que mon cousin Pierre a dans sa chambre, je dis : **son** *seau*, **sa** *cuvette*, **ses** *brosses*.

Les mots **son, sa, ses** sont encore des **adjectifs possessifs.** Ils sont de la **3e personne**, puisqu'ils sont placés devant des noms de choses appartenant à Pierre, *de qui* l'on parle et qui est de la 3e personne.

Si les mêmes choses appartenaient à plusieurs personnes, je dirais : **leur** *seau*, **leur** *cuvette*, **leurs** *brosses*. Les mots **leur, leurs** sont aussi des **adjectifs possessifs** de la **3e personne.**

Lorsqu'on parle de choses qui appartiennent à d'autres, on emploie les **adjectifs possessifs** *de la* **3e personne** *devant les noms de ces choses.*

S'il n'y a qu'un possesseur, on dit : **son, sa, ses.**

S'il y a plusieurs possesseurs, on dit : **leur, leurs.**

EXERCICES SUR LA LEÇON

368. Copiez dans la RÉCITATION les adjectifs possessifs avec les noms.

369. Copiez en soulignant les adjectifs possessifs :

Une enfant boudeuse est bien laide : son front est plissé, sa bouche fait une vilaine moue, ses yeux regardent ses pieds ; toute sa figure annonce son mauvais caractère.

370. Écrivez l'exercice précédent à la 1re personne, au masculin : *Je suis un enfant boudeur, mon...*

371. Phrases à compléter :

Je lace mon corsage, ma robe, mes bottines.
Tu — — — — — — —
Marie — — — — — — —

372. DICTÉE : *A la cuisine.*

Les cuisines des grands restaurants sont aussi curieuses à voir que leurs salles pleines de clients. Des garçons entrent et sortent avec leurs bras chargés d'assiettes ; le chef, debout devant son immense fourneau, commande à ses aides comme un capitaine.

EXERCICES SUR LA DICTÉE

373. Analysez les adjectifs possessifs de la DICTÉE.

374. Copiez avec les noms qui les suivent les adjectifs possessifs qui se rapportent à un seul possesseur.

375. Copiez les adjectifs possessifs au pluriel avec les noms qui suivent.

376. ✤ LECTURE : ***Une petite indiscrète.***

Julie est une camarade de Louise; mais elle a un vilain défaut : elle est curieuse de choses qui ne la regardent pas.

Si une petite fille désire apprendre les choses utiles à savoir et qu'elle ne connaît pas, sa curiosité est bonne et louable. Malheureusement ce n'est pas cela qui intéresse Julie.

Lorsque deux personnes parlent ensemble, elle s'approche d'elles pour entendre ce qu'elles disent. Elle écoute même aux portes pour apprendre ce qui se passe dans les maisons.

Tout le monde fuit Julie; on ferme tout devant elle.

EXERCICES SUR LA LECTURE

377. ✤ (*Oral*). 1. Qui est Julie? — 2. Y a-t-il une bonne curiosité? — 3. Qu'est-ce que Julie devrait chercher à savoir? — 4. Que devrait faire la petite curieuse pour qu'on l'aime?

378. ✤ 1. Quel défaut a Julie? — 2. Pourquoi s'approche-t-elle des personnes qui causent? — 3. Où ose-t-elle écouter? — 4. Pourquoi la fuit-on?

379. ✤ VOCABULAIRE : ***Les outils.***

Marteau, enclume, hache, scie, ciseau, rabot, lime, truelle, serpe, pioche, bêche, pelle, râteau, tranchet, alêne, pinceau. Outil aiguisé, tranchant. Marteau lourd. L'ouvrier frappe, scie, laboure, fauche.

EXERCICES SUR LE VOCABULAIRE

380. ✤ Écrivez les noms d'outils en commençant par : *L'ouvrier emploie son* (ou *sa*)...

381. ✤ Conjuguez : *Je scie et je cloue, tu... le charron...*

382. ✤ Phrases à compléter :

Le maréchal frappe sur l'— avec son —. Le charpentier coupe les poutres avec sa —. Le cordonnier coupe le cuir avec son —.

383. ❦ REVISION : LE VERBE

Le **verbe** est un mot qui dit ce que fait une personne, un animal ou une chose : *Les étoiles brillent la nuit*, le mot *brillent* est un verbe.

Le **sujet** du verbe est la personne, l'animal ou la chose qui fait ce que dit le verbe. Pour trouver le sujet du verbe, on met *qu'est-ce qui?* ou *qui est-ce qui?* devant ce verbe. Ce qui répond à la question que l'on pose ainsi est le sujet du verbe : Qu'est-ce qui brille? — *Les étoiles.* Le sujet de *brillent* est *les étoiles*.

Le verbe s'**accorde** en nombre et en personne **avec son sujet**.

Un verbe a trois **personnes** au singulier et trois personnes au pluriel. Quand on les dit l'une à la suite de l'autre, on **conjugue** ce verbe.

EXERCICES SUR LA REVISION

384. ❦ (*Oral*). Trouvez dix verbes différents dans la LECTURE. Dites leurs sujets.

385. ❦ (*Oral*). Dites pourquoi dans la LECTURE, *désire* est au singulier, et *parlent* est au pluriel.

386. ❦ Écrivez le texte suivant au pluriel :

Le facteur porte des lettres, des journaux dans son sac de cuir; chaque matin, il les distribue dans plusieurs rues. Il a une tournée fatigante.

387. ❦ Choisissez, dans la 2ᵉ colonne, le verbe convenable :

La vache	—	hurle
La brebis	—	miaule
Le loup	—	aboie
Le chien	—	chante
Le chat	—	beugle
L'oiseau	—	bêle

388. ❦ DICTÉE : *Le menuisier.*

Le menuisier est à l'atelier de grand matin: il coupe des pièces de bois, il rabote des planches, il enfonce des clous; il travaille à une armoire, mais il gagne peu, les journées d'hiver sont si courtes.

EXERCICES SUR LA DICTÉE

389. ❦ Copiez la DICTÉE en soulignant tous les verbes.

390. ❦ Indiquez le sujet de *est*, de *coupe*, de *travaille*. Ecrivez : *Le sujet de est, c'est...*

391. ❦ Conjuguez les verbes suivants

Je coupe et je rabote, tu ..., l'apprenti ... les apprentis ...

392. ❦ Écrivez la DICTÉE au pluriel : *Les menuisiers ...*

393. ❦ Analysez la phrase suivante :

Il enfonce des clous.

394 REVISION : LE PRONOM PERSONNEL

Le **pronom** est un mot qui tient la place d'un nom : *Un enfant passe*, **il** *appelle*, **je** *réponds.*

Le pronom **varie en nombre** : *il* fait au pluriel *ils; — je* a pour pluriel *nous.*

Le pronom *il* **varie en genre** : au féminin singulier, on dit *elle;* au féminin pluriel, *elles.*

Il y a des pronoms de trois personnes :

Je, nous, sont de la 1re personne.

Tu, vous, sont de la 2e personne.

Il, elle, ils, elles, sont de la 3e personne.

Comme ces pronoms remplacent souvent des noms de *personnes*, on les appelle **pronoms personnels.**

EXERCICES SUR LA REVISION

395. Copiez les pronoms avec les verbes dont ils sont sujets :

Je passe avec mon petit cousin Pierre devant l'atelier du maréchal. Nous regardons ferrer un cheval. L'ouvrier cloue un fer au pied de l'animal; Pierre pâlit, il a peur. Mais je dis à mon cousin : Tu as peur; pourquoi? Le cheval n'est pas blessé.

396. Mettez au singulier les verbes de ce texte : *J'habite...*

Nous habitons près d'une filature de coton. Nous y entrons quelquefois; mais plus souvent, par la porte ouverte, nous regardons tourner régulièrement les innombrables bobines. Nous admirons les machines, mais nous songeons aussi à la fatigue des ouvrières.

397. Copiez les pronoms en indiquant la personne et le nombre :

En hiver, je nourris les petits oiseaux, j'écarte la neige, je sème des grains. Les oiseaux accourent, ils mangent avec avidité. Tu penses qu'ils sont reconnaissants? Non, si j'ouvre ma fenêtre, ils fuient : ils sont surtout farouches.

398. VOCABULAIRE : *Les ateliers.*

Fabrique, tissage, filature, mine, carrière, fonderie, forge, usine, papeterie, verrerie, sucrerie, chantier, échoppe. Patron, industriel, ouvrier, journalier, salarié. Je fabrique, je tisse, nous filons.

EXERCICES SUR LE VOCABULAIRE

399. Copiez les noms d'ateliers en mettant devant chacun *notre* puis *nos.*

400 Conjuguez : *Je tisse et je fabrique, tu ... le tisseur ...*

401. Remplacez chaque tiret par le mot convenable :

La pierre se tire d'une —, le fer se travaille dans les —, on fabrique le verre dans une —, le papier —,

402. REVISION : L'ADJECTIF POSSESSIF

L'adjectif possessif est un mot qui fait connaître à qui appartient la chose dont on parle :

Mon *bras*, **ta** *tête*, **leur** *maison*.

Il y a des adjectifs possessifs différents suivant que la chose possédée a **un seul possesseur** ou qu'elle en **a plusieurs**.

L'adjectif possessif **varie en genre et en nombre** avec le nom devant lequel il est placé.

L'adjectif possessif **varie en personne**.

	un possesseur	*plusieurs possesseurs*
1re personne :	**Mon, ma, mes,**	**notre, nos,**
2e —	**Ton, ta, tes,**	**votre, vos,**
3e —	**Son, sa, ses,**	**leur, leurs.**

EXERCICES SUR LA REVISION

403. Analysez les adjectifs possessifs :

La grand'mère de Paul est bien âgée : son corps est tout courbé, sa tête tremble, ses yeux ont des lunettes et ses jambes refusent de la soutenir longtemps.

404. Dites la personne de chaque adjectif possessif :

Henri contrarie souvent ses camarades, il cache leurs jouets. « Redonne-moi ma toupie, lui demande son voisin. — Je n'ai pas ta toupie, » dit notre petit taquin ; et elle gonfle sa poche.

405. Complétez les phrases suivantes :

Je pleure, ma mère arrive.
Tu —, ta — —
André —, — — — etc.

---

406. DICTÉE : *La petite ménagère.*

Marguerite aide sa mère dans tous les travaux de la maison ; le matin, elle habille son frère Georges et sa jeune sœur Hélène ; à midi, elle prépare la table et appelle son père. Papa l'embrasse. Merci, ma petite ménagère.

EXERCICES SUR LA DICTÉE

407. Dites le genre et le nombre de chaque adjectif possessif. Écrivez : *L'adjectif sa est du féminin singulier, comme le nom mère.*

408. Conjuguez : *J'appelle mon père, tu... Marguerite...*

409. Écrivez la DICTÉE en parlant de deux sœurs :

Marguerite et Germaine...

410. Écrivez la DICTÉE en parlant de vous :

J'aide...

411. NOUS JOUONS A LA MARCHANDE

1

J' *ai* une épicerie,
Je *suis* la marchande.

2

Tu *as* du chocolat,
Tu *es* l'épicier.

3

Léon *a* un comptoir.
Il *est* le caissier.

4

Nous *avons* des tabliers,
Nous *sommes* les employées.

5

Vous *avez* des paniers,
Vous *êtes* les clientes.

6

Ils *ont* une voiture,
Ils *sont* les livreurs.

412. VOCABULAIRE : *Le commerce.*

Boutique, bazar, épicerie, mercerie, librairie, enseigne, caisse, rayon, étalage, vitrine. Vente en gros, en détail, magasin achalandé, employé honnête, dévoué. Le marchand range, débite.

EXERCICES SUR LE VOCABULAIRE

413. Écrivez les noms de magasins en mettant devant chacun : *J'ai un* (ou *une*)...

414. Conjuguez : *Je range mes marchandises, tu..., le mercier...*

415. Remplacez les tirets par les mots convenables :

Pour attirer les clients, le marchand arrange un bel — à la — de son magasin ; il dispose avec ordre les marchandises sur des —. Le soir, il place sa recette dans sa —.

416. LEÇON : LE VERBE *EST* — LE VERBE *A*

En jouant, les enfants (gravure de la page 62) emploient toutes les personnes du verbe **est** que je connais déjà.

Ils emploient aussi les personnes du verbe **a**, qui sert à dire ce qu'on possède.

SINGULIER

1. Le premier enfant parle de lui-même ; c'est la 1re *personne :*	*j'* **ai,**	*je* **suis,**
2. Il parle à un 2e enfant, c'est la 2e *personne :*	*tu* **as,**	*tu* **es,**
3. Il parle d'un 3e enfant, c'est la 3e *personne :*	*il* **a,**	*il* **est,**

PLURIEL

4. Les enfants parlent d'eux-mêmes, c'est la 1re *personne :*	*nous* **avons,**	*nous* **sommes,**
5. La marchande parle à des clientes, c'est la 2e *personne :*	*vous* **avez,**	*vous* **êtes,**
6. Ils parlent des petits voituriers, c'est la 3e *personne :*	*ils* **ont,**	*ils* **sont.**

EXERCICES SUR LA LEÇON

417. — Conjuguez :
Je suis jeune, j'ai sept ans.
Tu — — , — — — — etc.

418. Ajoutez les mots convenables :

Les petites filles — un jeu bien amusant : elles — marchandes, elles — joyeuses de tenir boutique. Mais le commerce — sérieux, il — ses difficultés ; les marchands — souvent beaucoup de mécomptes et de pertes.

419. Ajoutez les mots convenables :

Tu chantes, — — gai, mon frère joue, — — gai aussi ; je — gai comme vous ; les conscrits chantent, — — gais comme nous ; petits oiseaux, vous — également gais.

420. Conjuguez :
J'ai soif, je suis bien altéré.
Tu — —, — — — —
Le chauffeur, etc.

421. DICTÉE : *Le printemps.*

Le printemps est une saison bien douce. Les jours sont plus longs qu'en hiver, le soleil est plus chaud. Nous avons plaisir à revoir les fleurs et nous sommes heureux d'en cueillir.

EXERCICES SUR LA DICTÉE

422. Copiez les diverses formes du verbe *est*, en indiquant leurs sujets.

423. Analysez *est, sont, avons.* Écrivez : *Est, verbe à la 3e pers. du sing.*

424. AH! LES BEAUX JOUETS!

J'*ai* un pantin,	Tu *as* un pantin,	Paul *a* un pantin.
Je *saute* de joie.	Tu *sautes* de joie.	Il *saute* de joie.

Nous *avons* des jouets,	Vous *avez* des jouets,	Ils *ont* des jouets,
Nous *sautons* de joie.	Vous *sautez* de joie.	Ils *sautent* de joie.

EXERCICE DE CONJUGAISON

SINGULIER			PLURIEL	
1re pers.	Je	saut **e**,	Nous	saut **ons**,
2e pers.	Tu	saut **es**,	Vous	saut **ez**,
3e pers.	Il	saut **e**.	Ils	saut **ent**.

425. VOCABULAIRE : *Les professions industrielles.*

Fabricant, forgeron, tailleur, couturière, lingère, modiste, chapelier, cordonnier, horloger, imprimeur, photographe, mécanicien. Travail manuel, pénible, lucratif. La lingère confectionne, reprise, brode. La couturière taille, assemble.

EXERCICES SUR LE VOCABULAIRE

426. Copiez les noms de professions, en mettant devant chacun : *je connais un* (ou *une*).

427. Conjuguez : *je reprise ma serviette, tu...*

428. Remplacez chaque tiret par le mot convenable :

Le — fabrique nos coiffures, la lingère — nos chemises, elle — ou elle — les beaux mouchoirs.

429. LEÇON : LE VERBE *SAUTE*

En parlant, les enfants (gravure page 64) emploient deux verbes : le verbe **a** et le verbe **saute**.

Les personnes du verbe *saute* ne sont pas si différentes les unes des autres que celles du verbe *a*. Il n'y en a que deux qui soient bien distinctes : la 1re personne du pluriel : nous *sautons*, terminée par *ons*, comme nous *avons;* et la 2e : vous *sautez*, terminée par *ez*, comme vous *avez*.

Les autres personnes se ressemblent dans la parole.

En écrivant, on met une *s* à tu *sautes*, et **nt** à ils *sautent*. En parlant, on n'entend pas ces lettres devant une consonne : *tu sautes bien, les enfants sautent chacun à son tour*.

Les verbes qui ont un* e *muet à la fin de la 1re personne du singulier, se prononcent de la même manière aux trois personnes du singulier et à la 3e du pluriel.

Mais quand on les écrit, on met une* s *à la 2e personne du singulier, et* nt *à la 3e du pluriel : tu sautes, les chèvres sautent.

La 1re personne du pluriel se termine par* ons *: nous sautons. La 2e personne par* ez *: vous sautez.

Remarques : I. — *e, es, ons, ez, ent*, s'appellent les *terminaisons* du verbe.

II. — Les consonnes finales *s, z, t* ne s'entendent que devant les voyelles : *Nous sautons à pieds joints. Ils sautent à merveille.*

EXERCICES SUR LA LEÇON

430. Copiez en soulignant les terminaisons des verbes :

Si vous entrez dans la boutique d'un horloger, tout semble en mouvement : des balanciers répètent tic, tac, tic, tac, des roues tournent, des aiguilles avancent. Un marteau frappe sur un timbre; une petite porte s'ouvre, un oiseau chante : coucou, coucou.

431. Copiez en mettant à la 2e personne : *Tu as ... vous ...*

J'ai un cousin de mon âge. Nous passons souvent ensemble le jeudi. Quand nous sommes chez lui à la ville, nous profitons de notre liberté pour voir de belles choses. Nous longeons les grandes rues, nous regardons les affiches et les images.

432. Ajoutez les terminaisons qui manquent :

Un train pass.. rapidement, tu le regard.. avec curiosité. La locomotive traîn.. une longue file de wagons, elle lanc.. de la fumée. Les roues tourn.. vite, nous cess.. bientôt de voir le train.

433. Écrivez le texte précédent au pluriel : *Des trains ... vous les ...*

434. Conjuguez :

J'imprime, je suis imprimeur, tu ...
J'ai une enclume, je forge, tu ...

435. LECTURE : ***La moisson.***

Le papa de Jean *a coupé* le blé d'un premier champ, mûr un peu avant les autres. Les moissonneurs ont disposé les gerbes en tas ; le soleil a achevé d'en mûrir les épis.

Le cultivateur *coupe* aujourd'hui le blé d'une autre pièce de terre. Les ouvriers poussent la faux avec ardeur ; des jeunes filles mettent le blé en javelles ; un homme lie les javelles en gerbes.

On *coupera* bientôt un troisième blé, qui achèvera de mûrir ces jours-ci. Une voiture viendra ensuite et emportera la récolte en plusieurs fois. Avec ce bon blé, on fera du pain.

Un jour, tous les hommes auront du pain à leur faim.

436. VOCABULAIRE : ***Les professions agricoles.***

Agriculteur, jardinier, vigneron, fermier, fermière, berger, pâtre, serviteur, servante. Amendement, engrais animal, végétal, minéral. Le cultivateur laboure, sème, herse, moissonne, récolte.

EXERCICES SUR LE VOCABULAIRE

437. Dites ce qu'ont fait les ouvriers suivants :

Le moissonneur a moissonné, les ...
Le faucheur a — les ...
La glaneuse ... — les ...
Le laboureur ... — les ...
Le cultivateur ... — les ...

438. Remplacez chaque tiret par le mot convenable :

Le — taille la vigne, le — arrose la salade, le — garde les moutons, la — élève la volaille.

439. Écrivez le texte précédent au passé : ... *a taillé...*

440. LEÇON : LE TEMPS

Si je dis : *le cultivateur* **a coupé** *son blé*, cela veut dire qu'il a fait cela hier, avant-hier, dans un temps **passé**. Ce n'est pas du tout la même chose que si je dis : *le cultivateur* **coupe** *son blé*. Ceci veut dire qu'il le coupe pendant que je parle, dans le temps **présent**.

Ce n'est pas non plus la même chose que si je dis : *le cultivateur* **coupera** *son blé*. Ceci veut dire qu'il le fera demain, après-demain, dans un temps **futur**.

a coupé, *coupe*, *coupera*, appartiennent cependant au même verbe : ce sont des formes différentes de ce verbe.

a coupé est la forme du **passé**,
coupe est la forme du **présent**,
coupera est la forme du **futur**.

***Le verbe prend des formes différentes pour indiquer les temps où l'action se passe : il* varie en temps.**

Le verbe est* au présent *quand il indique que l'action se fait au moment où l'on parle.

Le verbe est* au futur *quand il indique que l'action se fera après le moment où l'on parle.

Le verbe est* au passé *quand il indique que l'action a eu lieu avant le moment où l'on parle.

EXERCICES SUR LA LEÇON

441. Copiez les verbes en indiquant le temps :

En automne, le laboureur a retourné son champ avec la charrue, il a semé du blé; le grain a levé. Les tiges sont grandes maintenant; les épis mûriront bientôt.

442. Mettez le texte suivant au passé. Écrivez : *Victor a visité*...

Victor visite un joli jardin; il traverse des allées ratissées, il longe de beaux carrés de légumes, il regarde les espaliers couverts de fruits. Le jardinier lui donne des prunes.

443. DICTÉE : *Le matin.*

Le jour commence à paraître. La rosée brille sur l'herbe. Le coq chante au sortir du poulailler; l'oiseau voltige et pousse de petits cris; le pigeon roucoule; l'abeille quitte sa ruche.

EXERCICES SUR LA DICTÉE

444. Conjuguez : *Je quitte ma classe, tu* ...

445. Écrivez la DICTÉE au futur : *Bientôt le jour commencera*...

446. LE JEU DE RAQUETTES

J' *ai* une raquette,
Je jouer*ai* à 4 heures.

Tu *as* une raquette,
Tu jouer*as* avec moi,

Ernest *a* une raquette,
Il jouer*a* aussi.

Nous av*ons* des raquettes,
Nous jouer*ons* à 4 heures.

Vous av*ez* des raquettes,
Vous jouer*ez* avec nous.

Nos amis *ont* des raquettes,
Ils jouer*ont* aussi.

EXERCICE DE CONJUGAISON SUR LE FUTUR :

	VERBE **a**			VERBE **est**	
Demain,	j'	*au*rai	une bille,	je	*se*rai	content,
—	tu	*au*ras	— —	tu	*se*ras	—
—	l'enfant	*au*ra	— —	il	*se*ra	—
—	nous	*au*rons	des billes,	nous	*se*rons	contents,
—	vous	*au*rez	— —	vous	*se*rez	—
—	les enfants	*au*ront	— —	ils	*se*ront	—

447. VOCABULAIRE : *Les professions commerciales.*

Marchand, négociant, épicier, fruitier, grainetier, mercière, bijoutier, libraire, pharmacien. Commerce agréable, facile, difficile. Achat au comptant, à crédit. Le commerçant achète, vend, pèse, livre.

EXERCICES SUR LE VOCABULAIRE

448. Remplacez chaque tiret par le mot convenable :

Je commanderai une bague chez le —; tu achèteras un livre chez le —; le malade demandera des remèdes au —; ma mère se procurera du fil chez la —; nous irons chercher des graines chez le —.

449. Conjuguez :
Je livrerai mon beurre à midi, tu...

450. LEÇON : LE FUTUR

Je connais déjà les formes du *présent* du verbe *saute* et des autres verbes terminés par un *e* muet. Je connais aussi le présent des verbes *est*, *a*.

Quand je dis *je jouerai, tu joueras...*, j'emploie le *futur* du verbe *joue*.

A la fin des personnes de ce futur, je retrouve le verbe *a* au présent : *ai, as, a, ont*. Mais à la 1re et à la 2e personne du pluriel, au lieu de *avons, avez*, il n'y a que les dernières syllabes : *ons, ez*. Si j'enlève l'*r* qui précède ces terminaisons, j'ai la 1re personne du singulier de *joue* au présent.

Quand un verbe se termine par e à la 1re personne du présent, on obtient les personnes de son futur en y ajoutant r suivi du présent du verbe a :

SINGULIER			PLURIEL	
		joue		*joue*
1re pers. :	r-ai :	je joue *r ai*,	r-ons :	nous joue *r ons*,
2e pers. :	r-as :	tu joue *r as*,	r-ez :	vous joue *r ez*,
3e pers. :	r-a :	il joue *r a*.	r-ont :	ils joue *r ont*.

EXERCICES SUR LA LEÇON

451. Mettez au futur le texte suivant. Écrivez : *Demain j'...*

J'entre avec toi chez l'épicier, tu portes le panier, le marchand nous demande ce que nous désirons. Nous lui achetons du sucre, il le pèse, et nous le rapportons à la maison.

452. Ajoutez les terminaisons qui manquent :

Tout à l'heure, nous jouer... à la malade. Je ser... la malade, tu achèter... des pilules chez le pharmacien, maman me coucher..., vous aur... très peur. Et puis tout à coup je me lèver... guérie.

453. DICTÉE : *La fête du village.*

La fête de notre village aura lieu bientôt. Les parents dîneront en famille, les jeunes gens du voisinage arriveront pour se divertir, nous monterons sur les chevaux de bois. Tout le monde sera gai.

EXERCICES SUR LA DICTÉE

454. Analysez les verbes de la DICTÉE.

455. Conjuguez : *Je monterai sur les chevaux de bois.*

456. Mettez la DICTÉE au présent. Écrivez : *La fête ... aujourd'hui ...*

457. Conjuguez : *Je serai gai à la fête...*

458. RÉCITATION : ***La gourmande.***

Ma sœur Jeanne est un peu gourmande,
Ce n'est pas un bien grand défaut;
Mais on doit le dire très haut :
Une faute est toujours trop grande.

Jeanne aime beaucoup la viande,
Le pain moins, et le sucre... trop.
Ma sœur Jeanne est un peu gourmande,
Ce n'est pas un bien grand défaut.

Parlez-lui chocolat, sirop,
Elle en demande et redemande,
Et pour la retenir, il faut
Que parfois on la réprimande :
Ma sœur Jeanne est un peu gourmande. A. Noël.

---

459. VOCABULAIRE : *Les aliments.*

Viande, volaille, gibier, poisson, œuf, beurre, lait, fromage, légume, fruit. Aliment cru, cuit, indigeste. Œuf frais. J'ai mangé, j'ai digéré.

EXERCICES SUR LE VOCABULAIRE

460. Dites comment peuvent être les aliments suivants. Écrivez : *Un œuf peut être frais ou vieux; le pain.., le fruit.., le beurre.*

461. Conjuguez : *J'ai mangé mon œuf.*

462. Remplacez chaque tiret par le mot convenable :

Le — nous est fourni par la vache; avec le lait, on prépare le — et le —. Les — nous sont donnés par la poule. La viande provient des —.

463. LEÇON : LE PASSÉ

Si, en ce moment, je mangeais un œuf, je dirais : *Je* **mange** *un œuf.* Le verbe *mange* serait au **présent.**

Mais ce n'est pas aujourd'hui, c'est hier, dans un temps qui est passé, que j'ai fait cela; je dis : *Hier, j'***ai mangé** *un œuf.* Le verbe *ai mangé* est au **passé.**

Ce verbe est formé de deux mots : le verbe *mange* est devenu *mangé*, l'*e* muet est remplacé par un *é* fermé.

Le 1er mot est le verbe *a*, que j'ai mis à la 1re personne du présent : *j'ai.* Ce verbe aide à conjuguer au passé le verbe *mange.* Celui qui aide quelqu'un est un *auxiliaire.* Le verbe *a* est donc ici un **verbe auxiliaire.**

Pour mettre un verbe au passé, on change dans ce verbe la terminaison* e *du présent en* é *: joue, joué, et devant on met les personnes du verbe* a *au présent.

J' *ai joué,*	Nous *avons joué.*
Tu *as joué,*	Vous *avez joué.*
André *a joué.*	André et Louis *ont joué.*

Remarque. — Le passé du verbe *a* est *j'ai eu;* au passé du verbe *est*, on dit : *j'ai été.*

EXERCICES SUR LA LEÇON

464. Copiez en soulignant les verbes au passé :

La foire du bourg a commencé dès le matin. Des paysans ont amené des porcs, des moutons; quelques fermières ont apporté de la volaille et des œufs. Les marchands ont installé des produits de toutes sortes.

465. Mettez au passé le récit suivant :

Un petit garçon rencontre un jour un pauvre très vieux. La mère donne un sou à l'enfant; celui-ci le porte au vieux pauvre; mais il demande à sa maman comment un homme de cet âge n'a pas de quoi manger.

466. DICTÉE : *Bébé à table.*

La maman a disposé avec ordre le couvert sur la toile cirée. Elle a placé Bébé dans sa chaise haute; il a mangé tout seul sa soupe comme un petit homme; il essuie sa bouche avec sa serviette.

EXERCICES SUR LA DICTÉE

467. Copiez les verbes au passé et dites leurs sujets.

468. Mettez la dictée au présent, puis au futur.

469. ❦ LEÇON : VERBE *FINIS*

Le présent.

Je *finis* mon livre,
Tu *finis* ta page,
Pierre *finit* son addition.

Les verbes ne se terminent pas tous par *e* à la 1re personne du présent ; il y en a qui se terminent en *is*.

Ceux-là sont semblables à la 1re et à la 2e personne du singulier : *je finis, tu finis*.

Au pluriel on dit :

Nous *finissons* nos devoirs,
Vous *finissez* vos problèmes,
Nos camarades *finissent* leurs dessins.

On retrouve donc les trois terminaisons du verbe *saute : ons, ez, ent*, ajoutées aux formes du singulier *finis*. Seulement en écrivant on double l'*s* de *is*, parce qu'elle se prononce *ce*.

Il n'y a qu'à la troisième personne du singulier que, au lieu de *s*, on a un *t : il finit*.

Les verbes comme **finis**, *ont une syllabe* **is** *qui se rencontre à toutes les personnes. Les deux premières personnes du singulier sont semblables et se terminent par* **is**.

Pour former le pluriel, on ajoute au singulier les terminaisons ordinaires **ons, ez, ent**, *mais on écrit* **is** *par deux* **ss** *au lieu d'une.*

A la 3e personne du singulier, l's de **is** *se change en* **t**.

EXERCICES SUR LA LEÇON

470. ❦ Copiez en soulignant les terminaisons des verbes :

Quand certains enfants grandissent, ils s'enhardissent parfois jusqu'à la résistance. Leur maître alors les punit ; mais toi, Jean, je t'avertis et tu réfléchis aussitôt. Louise et toi, vous nous obéissez et nous nous réjouissons de votre docilité.

471. ❦ Conjuguez : *Je réfléchis et j'obéis.*

472. ❦ Ajoutez les terminaisons qui manquent :

Le charbon.

Dans une clairière de la forêt, le charbonnier établ... un gros tas de bois tout rond, il le garn... de terre humide. Il met le feu à ce bois, mais il en ralent... la combustion. Au lieu de brûler complètement, les bûches noirc... et fin... par devenir du charbon.

473 LEÇON : VERBE *FINIS*

Le futur et le passé.

Quand j'arrive à la fin d'un travail, je dis : *Je* **finis** *mon travail.* C'est le présent du verbe *finir.*

Si c'est demain seulement que mon ouvrage sera achevé, je dis : *Demain, je* **finirai** *mon travail.* A un camarade, je dis : *Demain, tu* **finiras** *ton cahier.* C'est le futur du verbe *finir.*

J'y retrouve les terminaisons *rai, ras*..., que je connais déjà.

Si c'est hier que cela a été achevé, je dis : *Hier,* **j'ai fini** *mon travail. Hier,* **tu as fini** *ton travail.* C'est le passé du verbe *finir.*

J'y retrouve comme premier mot l'une des personnes du verbe *a*, comme dans *j'ai sauté;* le deuxième mot se termine par *i* et non plus par *é*, comme dans *sauté.*

Quand un verbe se termine par **is** *à la 1re personne du présent, on obtient les personnes de son* **futur** *en remplaçant* **s** *par* **r**, *qu'on fait suivre des terminaisons du verbe* **a** *au présent.*

Futur.

SINGULIER		PLURIEL	
1re p. r-ai :	Je fini *r ai.*	r-ons :	Nous fini *r ons.*
2e p. r-as :	Tu fini *r as.*	r-ez :	Vous fini *r ez.*
3e p. r-a :	Il fini *r a.*	r-ont :	Ils fini *r ont.*

Les verbes terminés en **is** *au présent, se conjuguent au* **passé** *comme les verbes en* **e**, *à l'aide des personnes du verbe auxiliaire* **a** *au présent; on fait suivre* **j'ai, tu as**.., *du verbe dont on change la terminaison* **is** *en* **i**.

Passé.

J' *ai fini.*	Nous *avons fini.*
Tu *as fini.*	Vous *avez fini.*
Le maçon *a fini.*	Les maçons *ont fini.*

EXERCICES SUR LA LEÇON

474. Mettez au futur le récit suivant :

Le nid de l'hirondelle.

Une hirondelle bâtit son nid à l'angle de notre fenêtre; elle pétrit de la terre humide et réussit à la fixer à la pierre; elle établit solidement le berceau de ses enfants. Nous nous divertissons à la voir apporter ses matériaux.

475. Mettez au passé.

Le miel.

La température plus douce avertit les abeilles de l'éclosion des fleurs; les ouvrières obéissent à l'appel du printemps : elles quittent la ruche, volent d'une fleur à l'autre et finissent par être chargées de butin. Elles remplissent alors de miel les rayons de leur ruche.

476. ⚘ LECTURE : ***La petite garde-malade.***

Jean a été bien malade hier, mais il va mieux et le médecin promet qu'il pourra sortir dans deux jours.

C'est sa sœur Louise qui le soigne, car leur maman a été obligée de couler la lessive aujourd'hui. Louise s'assied au pied du lit de son frère et lui parle doucement. Elle remonte le drap de Jean quand celui-ci s'agite et se découvre.

Jean accepte tout ce que veut Louise. Il a bu sa tisane sans grimaces, ce matin; il la prendra en souriant, ce soir, rien que pour faire plaisir à sa sœur.

Leur mère est bien heureuse d'avoir un petit garçon si patient. Et elle dit à Louise : « La bonne petite maman que tu feras un jour! ».

---

477. ⚘ VOCABULAIRE : *Les boissons.*

Eau, vin, bière, cidre, limonade, café, thé, tisane. Eau filtrée, potable. Vin blanc, rouge. Bière blonde, brune. Café noir. Je verse, je bois, le sel altère, l'eau désaltère.

EXERCICES SUR LE VOCABULAIRE

478. ⚘ Écrivez : *J'ai versé de l'eau, tu as ... du vin, mon père ...*

479. ⚘ Écrivez l'exercice précédent au futur : *Je verserai de l'eau...*

480. ⚘ Conjuguez : *Je suis altéré, je remplis mon verre.*

481. ⚘ Complétez le texte suivant :

Les sources nous fournissent une — naturelle; ne buvez que de l'eau —. L'homme prépare d'autres — : avec le raisin, il fait le —; en pressant les pommes, il obtient le —; avec de l'orge et du houblon, il fabrique la —.

482. REVISION : LE TEMPS

Un verbe peut être à trois *temps* différents :

au présent : *je travaille maintenant, je réussis.*
au futur : *je travaillerai encore demain, je réussirai.*
au passé : *j'ai travaillé hier, j'ai réussi.*

Au présent, beaucoup de verbes se terminent par un *e* muet à la 1re et à la 3e personne du singulier : *Je marche, le facteur marche beaucoup. Je pleure, un bébé pleure souvent.* — Ces verbes se conjuguent comme le verbe *saute* (Voir p. 64).

D'autres se terminent par *is* à la 1re et à la 2e personne du singulier : *Je pâlis, tu pâlis.* — Ces verbes se conjuguent comme le verbe *finis* (Voir p. 72).

Quand le verbe est au futur, ses personnes finissent par les personnes du verbe *auxiliaire* **a** au présent : *Je parlerai, tu parleras... — J'applaudirai, tu applaudiras...*

Quand le verbe est au passé, il est ordinairement précédé du même verbe *auxiliaire* **a...** : *J'ai parlé, tu as parlé. J'ai fini.*

REMARQUE. — Au passé, quelques verbes emploient les personnes du verbe *est*, au présent ; le verbe *est* s'appelle alors un verbe *auxiliaire* : *Je* **suis** *tombé, il* **est** *allé* à la foire.

EXERCICES SUR LA LEÇON

483. Dans la LECTURE, copiez les phrases où les verbes sont au passé et mettez-les au pluriel. Écrivez : *Jean...* puis *Jean et Louis...*

484. Sur le modèle suivant, conjuguez : *Je suis parti tôt, je suis arrivé à l'heure.*

Je suis tombé, nous sommes tombés,
Tu es — vous êtes —
Le couvreur est tombé,
Les couvreurs sont tombés.

485. Écrivez au pluriel : *Les premiers miroirs des ...*

Le premier miroir de l'homme a été une rivière limpide ; plus tard, il a fabriqué un miroir en métal poli ; enfin il a employé une feuille de verre, et il a eu le miroir actuel.

486. DICTÉE : *Un ivrogne.*

Le malheureux a bu de l'absinthe, il a dépensé sottement son salaire ; il est ivre, il ne marche plus droit, il prononce des paroles ridicules. En le voyant, sa femme aura peur, ses enfants pleureront. L'alcool cause de grands maux.

EXERCICES SUR LA DICTÉE

487. Copiez les verbes en indiquant leur temps. Écrivez :
A bu, temps passé ...

488. Analysez : *Il prononce des paroles ridicules.* Écrivez :
Il, pron. pers. 3e pers...

489. RÉCITATION : *La récompense.*

Ce soir, Jean rentre sans bon point.
Il dit : « Mère, ne gronde point,
Mon problème était faux, je n'ai pas eu de chance.
J'ai bien travaillé cependant !
— Alors, mon petit, sois content :
Le travail par lui-même est une récompense.
Le travail pour porter des fruits
Demande des jours et des nuits.
Vois ton père, mon Jean : il laboure en automne.
Puis il sème ; puis vient l'hiver,
Et puis passent le printemps vert,
Juin, juillet, août... Alors seulement, il moissonne. »

Alexis Noël.

---

490. VOCABULAIRE : *La plante.*

Racine, tige, tronc, écorce, branche, bourgeon, feuille, bouton, fleur, fruit, graine. Plante annuelle, vivace, précoce, chétive. Feuillage épais, touffu. Le vigneron plante, bêche, sarcle, vendange.

EXERCICES SUR LE VOCABULAIRE

491. Copiez en mettant au pluriel les mots convenables. Écrivez :

La plante a des racines, une tige...

492. Conjuguez : *Je plante, tu ... le jardinier ... les jardiniers ...*

493. Remplacez le tiret par le mot convenable :

La — d'une plante se développe dans le sol ; la — s'élève dans l'air ; elle porte des — ; sur les branches, on voit des — et des —. Pour obtenir de nouvelles —, on sème des —.

494. LEÇON : LE MODE

Quand une mère dit à son petit garçon : *sois sage*, ce n'est pas la même chose que *tu es sage*. Elle ne veut pas lui dire qu'il est sage, elle lui commande d'être sage.

Quand je dis à maman : *Donne-moi une tartine, s'il te plaît;* ce n'est pas du tout la même chose que si je disais : *maman me donne une tartine.*

Je dis que je désire que maman fasse la chose dont je parle, je ne dis pas qu'elle fait cette chose. Cependant j'emploie le même verbe *donne*, mais je ne l'emploie pas de la même manière. On dit qu'il n'est pas au même **mode**. (Le mot *mode* veut dire manière.)

***Le verbe* varie en mode.**

Un verbe a plusieurs modes.

EXERCICES SUR LA LEÇON

495. Copiez dans la RÉCITATION les trois phrases où l'une des personnes commande quelque chose : 1° Mère, ...

496. Copiez en soulignant les verbes qui disent une chose qui est ou qui se fait :

Un enfant étourdi touche une ortie; elle le pique, il pleure, il crie. Ne portez pas la main sur cette plante; elle a de nombreux poils pointus et remplis d'un liquide vénéneux.

497. Changez le mode des verbes *en italique*. Écrivez : *J'ai un coin de terre, je ...*

Si vous avez un coin de terre, *cultivez* des fleurs, *soignez* leurs tiges frêles, *regardez* leurs belles couleurs, *respirez* leurs odeurs délicates; vous trouverez chaque jour un nouveau plaisir à les voir de près.

498. Écrivez le texte précédent à la 1re personne du pluriel : *Si nous avons ..., cultivons.*

499. DICTÉE : *La mouche.*

Une grosse mouche vole dans la chambre. Je dis à mon frère : Regarde le vilain insecte; chassons-le. Mon frère poursuit la mouche, mais il renverse un vase.

EXERCICES SUR LA DICTÉE

500. Complétez l'exercice suivant :

Verbes qui disent une action qui se fait : ... Verbes qui disent une action que l'on commande : ...

501. Copiez les verbes en indiquant le temps où ils sont.

502. Conjuguez au présent, au passé et au futur : *Je chasse une guêpe... des guêpes.*

503. RÉCITATION : *Le coq et les oiseaux.*

Un jour, le coq se nomma roi
De tous les oiseaux du village;
Et, sans distinction de bec ou de plumage,
Prétendit leur dicter sa loi.
Le voilà qui prend la couronne,
Il s'impose, il taille, il ordonne;
Il croit tout le monde attentif
Parce qu'il parle au *mode impératif*.
On rit des grands airs qu'il se donne.
« Sire, lui dit la fauvette, pardonne.
Nous ne t'avons pas élu,
Et les temps sont passés où le premier venu,
Portant épée ou redingote,
Mettait un peuple sous sa botte. »

ALEXIS NOËL.

EXERCICES SUR LA RÉCITATION

504. (*Oral*). 1. Que fit un jour le coq? — 2. De quels oiseaux voulait-il être roi? — 3. Quel oiseau lui adressa la parole? — 4. Que lui dit la fauvette? — 5. Connaissez-vous un empereur qui portait redingote?

505. Complétez le récit suivant :
Un jour, le coq prend ...; aux autres oiseaux, il parle au ... Mais les oiseaux rient des ...; ils ne le reconnaissent pas pour roi, car ils ne l'ont ...

506. VOCABULAIRE : *Les fleurs.*

Rose, tulipe, œillet, lis, lilas, violette, pensée, marguerite, bluet, coquelicot, muguet. Fleur épanouie, simple, double. La fleur orne, embaume. Je cherche des fleurs, je compose un bouquet.

EXERCICES SUR LE VOCABULAIRE

507. Écrivez les noms de fleurs en mettant devant :
Je coupe un (ou *une*).

508. Conjuguez : *J'arrose mes fleurs, tu...*

509. Remplacez les tirets par les mots convenables :

Dans les blés, on trouve les —, blanches, les — rouges, les — bleus. Dans les buissons, se cache la — si odorante. Dans les jardins, on cultive les — et les —.

510. LEÇON : INDICATIF et IMPÉRATIF

Si je dis à une camarade : *Tu es gentille, tu prêtes tes poupées;* ou si je dis à deux camarades : *Nous entrons, vous fermez la porte,* j'exprime, *j'indique* ce que nous faisons, ce que font ces camarades. Les verbes *es, prêtes, entrons, fermez* sont au *mode* **indicatif.**

Mais si sa maman lui dit : *Sois gentille, prête tes poupées,* elle lui commande de faire cela. Le maître dit : *Entrons, fermez la porte!* Il commande : Le ton qu'on emploie pour commander avec énergie s'appelle un ton *impératif.* Le mode du commandement s'appelle du même nom, l'**impératif.** Les verbes *sois, prête, entrons, fermez* sont au *mode* **impératif.**

Impératif.

VERBE *est*		VERBE *a*
2e pers. du sing. :	**Sois** bon.	**Aie** confiance.
1re pers. du plur. :	**Soyons** bons.	**Ayons** confiance.
2e — — :	**Soyez** bons.	**Ayez** confiance.

VERBE *Saute*

Indicatif.		***Impératif.***	
2e pers. du sing. :	Tu *sautes.*	2e pers. du sing. :	**Saute.**
1re pers. du plur. :	Nous *sautons.*	1re pers. du plur. :	**Sautons.**
2e — — :	Vous *sautez.*	2e — — :	**Sautez.**

VERBE *Finis*

2e pers. du sing. :	Tu *finis.*	2e pers. du sing. :	**Finis.**
1re pers. du plur. :	Nous *finissons.*	1re pers. du plur. :	**Finissons.**
2e — — :	Vous *finissez.*	2e — — :	**Finissez.**

Comme on le voit, le verbe à l'impératif a souvent les mêmes formes qu'à l'indicatif, mais *il n'a pas de sujet.*

511. DICTÉE : *Les beautés de la nature.*

Choisissez dans un jardin la fleur la plus simple et comparez son parfum aux odeurs les plus fines; examinez aussi ses organes si délicats : rien n'est plus admirable.

EXERCICES SUR LA DICTÉE

512. Copiez les verbes à l'impératif, et dites pourquoi ils sont à ce mode. Écrivez : *Choisissez est à l'impératif parce qu'on commande de choisir ...*

513. Écrivez la DICTÉE en parlant à un seul : *Choisis ...*

514. Écrivez la DICTÉE à la 1re pers. du pluriel : *Choisissons ...*

515. LECTURE : *Le pâtre complaisant.*

Le grand Louis conduit des vaches au pâturage; il aperçoit Jean et l'appelle : « Viens-tu avec moi? » Jean s'approche de sa mère et lui dit : « Veux-tu que j'accompagne M. Louis? — Va, mon petit, mais prends garde aux coups de corne. »

Voilà Jean parti; c'est bientôt un flot de questions : « Le pré est-il encore loin d'ici? Ce petit veau mange-t-il déjà de l'herbe? Est-ce que le taureau n'est pas méchant? »

Amusé par le babil de l'enfant, le pâtre complaisant répond à tout, et conduit son petit compagnon vers la prairie.

EXERCICES SUR LA LECTURE

516. (*Oral*). 1. Qu'est-ce qu'un pâtre? — 2. Qu'est-ce qu'un berger? — 3. Où paissent les vaches? — 4. Pourquoi Jean ne répond-il pas tout de suite au pâtre? — 5. Est-il heureux?

517. 1. Que conduit le pâtre? — 2. Qui appelle-t-il? — 3. A qui Jean demande-t-il une permission? — 4. Jean est-il curieux? — 5. Que veut-il savoir?

518. VOCABULAIRE : *Les légumes.*

Chou, salade, navet, poireau, carotte, radis, asperge, oignon, oseille, persil, haricot, pomme de terre. Légume hâtif, tardif. Pois nain, grimpant. Le jardinier repique-t-il? attache-t-il? taille-t-il?

EXERCICES SUR LE VOCABULAIRE

519. Copiez les noms de légumes au pluriel. Écrivez :

Le jardinier cultive des choux, des ...

520. Conjuguez : *Je repique ma salade, tu...*

521. Remplacez chaque tiret par le mot convenable :

Le — cultive les — dans le jardin potager. Je connais surtout le — et la —. On mange la racine de la —, les feuilles du —, la tige de l'—.

522. LEÇON : L'INTERROGATION

Quand je suis sûr qu'une chose existe, par exemple que l'herbe est verte, je dis : *l'herbe est verte. J'affirme* cela, je fais une **phrase affirmative.**

Mais quand je ne sais pas une chose, je ne puis pas l'affirmer; pour la connaître, je la demande à celui qui la sait : à mon papa, à mon camarade; je les *interroge*, je fais une **phrase interrogative.**

J'interroge mon camarade : *As-tu une plume?*

J'interroge mon papa : *Lyon est-il plus grand que Marseille?*

Ou : *Est-ce que Lyon est plus grand que Marseille?*

Pour interroger, si le sujet est un pronom, on le met après le verbe : **Es-tu** *content?* **Jouent-ils** *avec nous?*

Si le sujet est un nom, on le laisse avant le verbe, mais à la suite de ce verbe, on met le pronom **il** *ou* **elle, ils** *ou* **elles** *:* **Le blé** *mûrit*-**il**? **Le blé** *est*-**il** *mûr?*

Quand le verbe ne se termine pas par un *t*, on met un *t* entre le verbe et le pronom : *Ton frère aime-***t***-il la gymnastique?*

Quelquefois on interroge en mettant **Est-ce que** devant une phrase affirmative : **Est-ce que** *la fête est finie?*

En écrivant, on termine la phrase par un **point d'interrogation ?** .

EXERCICES SUR LA LEÇON

523. Complétez l'exercice suivant :

Dans la LECTURE, il y a cinq phrases interrogatives : 1° Viens ...

524. Copiez les phrases affirmatives :

Une tempête soulève les flots de la mer. Le pêcheur est inquiet; que regarde-t-il? Il cherche la lumière du phare qui le guidera vers le port. Arrivera-t-il sans accident? Sa famille l'attend dans une grande inquiétude.

525. DICTÉE : *La pomme de terre.*

Vos parents cultivent-ils la pomme de terre? En récoltent-ils assez pour leur usage? En achètent-ils quelquefois? Est-ce que les légumes sont chers dans votre pays?

EXERCICES SUR LA DICTÉE

526. Copiez les phrases interrogatives en les mettant au singulier. Écrivez :

Ton père cultive-t-il...

527. Répondez aux questions de la DICTÉE par des phrases affirmatives. Écrivez :

Nos parents cultivent la...

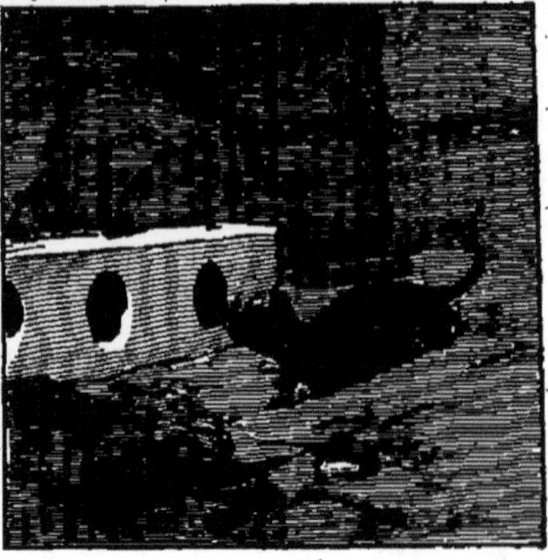

528. ✤ **RÉCITATION :** ***Le jeune rat.***

Un jeune rat vit un jour une sorte de piège percé de trois trous. Dans chaque trou, un morceau de lard était suspendu par un fil. « C'est une souricière, se dit-il. Mon père m'a défendu d'entrer dans cette machine, mais je puis bien l'examiner d'un peu plus près. »

Il s'approche, il regarde, il flaire, il allonge son museau dans un des trous. « Ce lard sent très bon », dit-il. Il y mord légèrement, le fil casse et couic ! voilà notre désobéissant étranglé.

F. Bataille.

EXERCICES SUR LA LECTURE

529. ✤ (*Oral*). 1. Qu'est-ce qu'un rat ? — 2. Que mange le rat ? — 3. Le rat est-il utile ? — 4. Pourquoi place-t-on des souricières dans le grenier ?

530. ✤ Complétez le récit suivant : Un jeune rat voit une ... ; un morceau de lard y est ... Le rat s'approche, il ... il ... ; le petit désobéissant est ...

---

531. ✤ **VOCABULAIRE :** *Les céréales.*

Blé, seigle, avoine, orge, maïs, sarrasin, épi, chaume, javelle, gerbe. Blé dur, tendre, barbu. Le moissonneur fauche, glane. La machine vanne.

EXERCICES SUR LE VOCABULAIRE

532. ✤ Copiez les noms de céréales en mettant devant : *un champ de ...*

533. ✤ Conjuguez sous la forme interrogative.

Récoltes-tu de l'orge ?...

534. ✤ Remplacez chaque tiret par le nom convenable :

Certaines plantes ont de la farine dans leur graine, on les nomme —. Je connais le — et le —. L'épi de blé avec des barbes est un épi —. Le moissonneur — les blés mûrs.

535. LEÇON : LA NÉGATION

Lorsque je pose une question, on me répond *oui* ou *non*.

Quand je demande à un camarade ; *As-tu une plume?* s'il doit me répondre oui, il dira : *Oui, j'ai une plume.* C'est une phrase *affirmative*.

Si c'est non, il dira : *Non, je* **n'***ai* **pas** *de plume.* Cette phrase dit *non*, elle est *négative*. Pour la rendre négative, on a mis le verbe *ai* entre les deux mots *ne* et *pas*, qui forment une **négation**.

Je dis de même : *C'est lundi, nous irons à l'école.*
— : *C'est jeudi, nous* **n'***irons* **pas** *à l'école.*
— : *Tu as récité une fable.*
— : *Tu* **n'***as* **point** *récité de fable.*

***Pour faire une phrase négative, on met le verbe de cette phrase entre les mots* ne... pas, *ou* ne... point.**

EXERCICES SUR LA LEÇON

536. Copiez en soulignant les mots qui rendent les phrases négatives :

Le blé ne réussit pas dans les terres pauvres; on y cultive plutôt le seigle; mais comme la culture de cette céréale n'est pas avantageuse, elle n'occupe plus autant de surface qu'autrefois. On ne mange plus guère de pain de seigle : il est nourrissant, mais il n'est pas agréable au goût.

537. Copiez en mettant les négations :

Autrefois notre pays — était — cultivé comme aujourd'hui; on — rencontrait — de belles routes. Nos premiers ancêtres étaient mal vêtus : ils — savaient — se faire des habits commodes; ils — construisaient — des maisons comme les nôtres; ils — avaient — d'écoles et ils restaient ignorants.

538. DICTÉE : *Le chat sauvage.*

Le chat n'est pas toujours domestique, il n'habite pas toujours dans nos maisons ; le chat sauvage vit dans les bois. Il ne mange pas seulement les rats, les mulots, il dévore aussi les couvées.

EXERCICES SUR LA DICTÉE

539. Copiez les phrases où il y a une négation.

540. Écrivez la DICTÉE au pluriel.

541. Conjuguez au passé et au futur :

Je ne rencontre pas de chat sauvage.

542. ✤ LECTURE : ***Respect au travail.***

À côté de la maison de Jean habite un boulanger; avant le jour, il est debout, il pétrit sa pâte, il agite ses bras, il lève et baisse son dos en cadence; à chaque coup, pour se donner du cœur, il pousse de petits cris : Han! Han!

Le petit garçon a appris de son père que le travail mérite le respect. Quand il passe pour aller à l'école, et qu'il voit l'ouvrier demi-nu qui enfourne son pain, il se dit que les petits enfants n'auraient pas de bon pain frais à déjeuner si, pendant qu'ils sont dans leur lit, un brave homme n'était resté là pendant des heures, à se brûler la face à la gueule du four.

---

543. ✤ VOCABULAIRE : *Le pain.*

Moulin, meunier, farine, son, pâte, levain, four, miche, mie, croûte. Pain blanc, bis, frais, rassis. Le boulanger pétrit, enfourne, défourne.

EXERCICES SUR LE VOCABULAIRE

544. ✤ Écrivez les noms de personnes, puis les noms de choses avec un article.

545. ✤ Conjuguez : *Demain, je pétrirai du pain, tu...*

546. ✤ Dites comment est *la farine, le pain, la miche, la croûte, la mie, le four.*

547. ✤ Remplacez chaque tiret par le mot convenable :

On fait le pain avec de la —. Le — pétrit cette farine; il la met cuire dans un —. Au bout d'une heure, il — les miches. J'aime bien le pain — surtout quand il a une belle — dorée.

548. LEÇON : LE COMPLÉMENT DIRECT

Si on me demande ce que fait le boulanger de la gravure (page 84) je dirai : *Il enfourne*. Si on me demande ensuite : il enfourne quoi ? je répondrai : *Il enfourne une miche*.

Le mot *enfourne* dit ce que fait le boulanger. Les mots *une miche* ajoutent une autre idée : ils font connaître ce qu'il enfourne, ils **complètent** ce que dit le verbe. *Une miche* est le **complément** de *enfourne*.

Le boulanger a une pelle. — *Une pelle* est le complément de *a*. *Une miche*, *une pelle* sont joints **directement** aux verbes *enfourne*, *a*; on les appelle pour cela des **compléments directs**.

***Le complément** du verbe est ce qui complète l'idée exprimée par le verbe.*

***Un complément direct** est ce qui répond à la question qu'on pose en mettant le mot **qui** ou **quoi** après le verbe précédé de son sujet :*

Le boulanger enfourne quoi ? Une miche. — **Une miche** *est le complément direct de* **enfourne.**

EXERCICES SUR LA LEÇON

549. Complétez l'exercice suivant :

Dans la 4e ligne de la LECTURE, le verbe est —, son sujet est —, son complément direct est — ; dans la 2e ligne, le verbe — a pour complément direct — et le verbe — a pour complément direct —.

550. Remplacez chaque tiret par le nom convenable au singulier ou au pluriel : *griffe, bec, corne, dent, aiguillon, pince, piquant*.

Pour se défendre le bœuf a des —, le chien a des —, le chat a des —, la poule a un —, le hérisson a des —, l'écrevisse a des —, l'abeille a un —.

551. DICTÉE : *Le soir.*

Le soir, l'ouvrier quitte son atelier, le commerçant ferme sa boutique, le laboureur ramène son attelage, les bestiaux regagnent leurs étables, les poules abandonnent la cour, les mères portent les bébés dans leurs petits berceaux.

EXERCICES SUR LA DICTÉE

552. Copiez les compléments directs en indiquant les verbes qu'ils complètent. Écrivez : *Son atelier est complément direct de quitte.*

553. Analysez cette phrase : *Les poules abandonnent la cour.*

554. Conjuguez avec des compléments directs : *Je porte...*

555. ✤ RÉCITATION : *La forêt.*

Des pentes d'une haute colline descend une épaisse forêt; les vieux chênes, les sapins géants, les hêtres touffus y étendent leurs ombres magnifiques.

Mais les gardes forestiers sont venus; ils ont divisé le bois en coupes, et ils ont marqué les arbres qui seront abattus. Le marchand de bois, accompagné de son commis, arrive à son tour, compte les troncs, estime les branches, calcule ce qu'il dépensera et le profit qu'il fera.

La beauté des grands arbres ne compte pas à ses yeux; il ne voit qu'une chose : combien chacun donnera de planches ou de stères de bois à brûler. Il abattrait tout, sans remords.

---

556. ✤ VOCABULAIRE : *Les arbres forestiers.*

Bouleau, frêne, charme, chêne, hêtre, pin, sapin, taillis, fagot. Arbuste verdoyant, arbrisseau épineux. Le bûcheron abat, ébranche, fagote.

EXERCICES SUR LE VOCABULAIRE

557. ✤ Lisez la RÉCITATION et complétez :

Une forêt est située sur les ... Des gardes forestiers ont divisé ... et ils ... A son tour le marchand de bois calcule ...

558. ✤ Remplacez chaque tiret par le mot convenable :

Un endroit où il y a beaucoup d'— est une forêt. Le garde — surveille la forêt. Le — abat les arbres — et fait des —.

559. LEÇON : — VERBE TRANSITIF, VERBE INTRANSITIF

Si on me demande ce que scie le bûcheron, je peux répondre : *Il scie un arbre.* Le verbe *scie* a donc un complément direct *un arbre.* On dit que ce verbe est **transitif.**

Je sais que la scie grince; mais si l'on me demandait : Elle grince quoi? je serais étonné, je ne pourrais pas répondre : *Elle grince l'arbre* ou *elle grince le bûcheron.* Elle ne grince rien du tout. Le verbe *grince* n'a pas de complément direct; c'est un verbe *non* transitif ou **intransitif.**

Un verbe qui a un complément direct est un verbe **transitif.**

Un verbe qui n'a pas de complément direct est un verbe **intransitif.**

EXERCICES SUR LA LEÇON

560. Dans la RÉCITATION dites ce que sont les verbes *étendent* (3ᵉ ligne), *arrive* (6ᵉ ligne), *compte* (7ᵉ ligne), *estime* (7ᵉ l.), *compte* (9ᵉ l.).

561. Copiez en mettant *transitif* ou *intransitif* après chaque verbe :

Beaucoup d'animaux habitent la forêt : le lièvre y a établi son gîte, le lapin trotte à travers les clairières, l'écureuil saute d'un arbre à l'autre, le renard épie les petits oiseaux, et quelquefois, dans un fourré, on aperçoit la bauge de quelque sanglier.

562. Ajoutez à chaque verbe le complément convenable :

La vache donne	—	du miel
Le porc a	—	sa toile
Le mouton fournit	—	la soie
L'abeille prépare	—	du lard
Le ver-à-soie fabrique	—	le lait
L'araignée tisse	—	de la laine.

563. DICTÉE : *L'ébéniste.*

L'ébéniste fabrique des tables, des armoires et aussi des meubles riches ; il façonne des commodes vernies, des armoires sculptées. Il emploie des bois rares, inconnus dans nos forêts : l'acajou, le palissandre.

EXERCICES SUR LA DICTÉE

564. Copiez les verbes transitifs, et indiquez leurs compléments.

565. Analysez : *Il emploie des bois rares.*

566. Conjuguez : *J'ai coupé un arbre ... je l'ébrancherai.*

567. Donnez deux compléments directs à chaque verbe.

Le marchand de bois achète des... et des ...; dans les arbres, la scierie découpe ...; avec les déchets, la papeterie fabrique...

568. LECTURE : ***Souvenir d'enfance.***

Je vivais dans le jardin des Feuillantines[1], j'y regardais le vol des papillons et des abeilles; j'y cueillais des boutons d'or et des liserons.

Je n'y voyais jamais personne que ma mère, mes deux frères et le bon vieux prêtre, son livre sous le bras.

Parfois, malgré la défense, je m'aventurais jusqu'au hallier[2] farouche du jardin; rien n'y remuait que le vent, rien n'y parlait que les nids, rien n'y vivait que les arbres.

Je considérais, à travers les branches, la vieille chapelle dont les vitres défoncées laissaient voir la muraille intérieure. Les oiseaux entraient et sortaient par les fenêtres. Ils étaient là chez eux.

VICTOR HUGO.

1. Ancien couvent de Paris, où l'illustre poète Victor Hugo (1802-1885) habita à l'âge de six ans; il y reçut les leçons d'un ancien prêtre, nommé Larivière.
2. Réunion de buissons très touffus.

---

569. VOCABULAIRE : ***Les arbres fruitiers.***

Abricotier, cerisier, châtaignier, noyer, pêcher, poirier, pommier, prunier. Verger productif; fruit vert, mûr, blet, véreux. Tailler, mûrir, cueillir, secouer, gauler.

EXERCICES SUR LE VOCABULAIRE

570. Écrivez les noms des arbres en commençant par ceux dont vous aimez le mieux les fruits.

571. Conjuguez : *Je regarde cueillir des cerises, je ne secoue pas le cerisier.*

572. Remplacez chaque tiret par le mot convenable :

Les cerises mûrissent sur le —, les pommes, sur le —, les poires, sur le —. Le — donne des châtaignes. On — le prunier pour avoir ses fruits.

573. LEÇON : L'INFINITIF

Quand on me demande : que veux-tu? je puis répondre : *Je veux un jouet, je veux du pain.*

Les mots *un jouet*, *du pain*, sont des compléments directs de *je veux*. Le complément direct d'un verbe est donc souvent un nom précédé d'un article.

Mais je puis aussi répondre : *Je veux jouer; je veux manger, je veux grandir. Jouer*, *manger*, *grandir* sont des compléments directs de *je veux*, puisque je réponds à la question *je veux quoi?*

Jouer est une forme du verbe *joue; manger* est une forme du verbe *mange; grandir* est une forme du verbe *grandis*. C'est une forme invariable qu'on appelle **infinitif**.

Le complément direct d'un verbe peut être un verbe employé sous une forme invariable qu'on appelle **infinitif.**

L'infinitif est un mode du verbe, comme l'indicatif et l'impératif.

EXERCICES SUR LA LEÇON

574. Copiez en soulignant les infinitifs :

La douce chaleur de mai fait fleurir les arbres et fait développer leur feuillage : on voit le cerisier se couvrir d'une neige embaumée. Aux fleurs, on verra succéder les fruits, que le soleil viendra mûrir.

575. Complétez par l'un des infinitifs : *couler*, *briller*, *sonner*, *tourner*, *tomber*, *résonner*, *gronder*.

J'entends — la cloche, on voit — l'éclair, tu laisses — le robinet, écoutez — le tonnerre, l'eau fait — la roue, on entend — l'enclume, voyez-vous — la neige?

576. DICTÉE : *Un orage.*

Entendez-vous gronder le tonnerre? Ecoutez le vent souffler avec force; il fait courber la cime des arbres. La pluie va tomber; nous allons chercher un abri. Le cultivateur veut rentrer sa récolte, il fait charger les voitures à la hâte.

EXERCICES SUR LA DICTÉE

577. Copiez les infinitifs en écrivant à la suite la 1re personne du présent de l'indicatif : *Gronder, je gronde* ...

578. Analysez : *Le cultivateur rentre sa récolte.*

579. Copiez une phrase affirmative, une phrase interrogative et une phrase à l'impératif.

580. Conjuguez à l'impératif : *Écouter le vent et rentrer à la maison.*

581. RÉCITATION : *Le livre.*

« A quoi bon, disait un grand-père,
Tant bourrer la tête aux enfants?
J'ai vécu soixante et dix ans
Sans avoir appris la grammaire.

Bêcher, semer, faucher les champs,
Récolter les biens de la terre,
Mon fils, voilà la grande affaire ;
Tout le reste est perte de temps.

Allons, approche, ouvre ton livre ;
Montre-moi qu'on apprenne à vivre
En mettant des mots bout à bout.. »

L'enfant sourit à l'homme d'âge
Et lut, au hasard d'une page :
Aime tes parents avant tout.

ALEXIS NOËL.

EXERCICES SUR LA RÉCITATION

582. (*Oral*). 1. Qu'est-ce que ce grand-père trouvait mauvais? — 2. Comment bourre-t-on sa tête? — 3. Ce grand-père regrettait-il de ne pas savoir lire? — 4. Et lorsqu'il eut entendu la lecture? — 5. Le livre apprend-il donc à vivre?

583. 1. Qu'est-ce que ce grand-père n'a pas appris? — 2. Si l'on écoutait ce grand-père, qu'est-ce qu'il faudrait seulement faire? — 3. Qu'est-ce que l'enfant lut dans le livre? — 4. Le grand-père vit-il que le livre est utile?

584. VOCABULAIRE : *Le sol cultivé.*

Champ, jardin, vigne, chenevière, pré, friche, culture, cultivateur, labour, labourage, laboureur, récolte. Terre fertile, stérile, inculte, arable. Amender, fumer, engraisser, labourer, biner.

EXERCICES SUR LE VOCABULAIRE

585. Écrivez : *Le terrain cultivé est un ... un ... ou une ...; le terrain inculte est ...*

586. Conjuguez :

Je désire cultiver la terre ou je ne désire pas ...

587. Complétez le texte suivant :

L'homme — le sol pour obtenir des —. Il — la terre — avec des amendements; il l' — avec du fumier; il la — avec la charrue. Mais les déserts restent toujours —.

588. LEÇON : FORMATION DE L'INFINITIF

Je chante, je sais **chanter**. *J'écoute, je dois* **écouter**.

L'infinitif du verbe *chante* est *chanter*, l'infinitif du verbe *écoute* est *écouter :* on obtient donc ces infinitifs en remplaçant l'*e* de la 1re personne du présent de l'indicatif par *er*, qu'on prononce *é*.

Je réussis, tu peux **réussir**.

L'infinitif du verbe *réussis* est *réussir*, *is* étant remplacé par *ir*.

***Pour obtenir l'infinitif d'un verbe terminé à la 1re pers. du présent de l'indicatif par* e, *on change* e *en* er.**

***Pour obtenir l'infinitif d'un verbe en* is, *on change* is *en* ir.**

L'infinitif de j'*ai* est *avoir*, l'infinitif de je *suis* est *être*.

Remarque. — Pour nommer un verbe, on emploie ordinairement la forme de son infinitif. On dit que les formes *chante, chantons, ai chanté, chanterai* appartiennent au verbe *chanter*.

EXERCICES SUR LA LEÇON

589. Dans la récitation, copiez les infinitifs en *er* et écrivez les infinitifs des verbes *approche, montre, aime*.

590. Copiez en soulignant les infinitifs :

Bernard accompagne son père et le regarde labourer un champ. Les chevaux font avancer péniblement la charrue; le soc ouvre le sol. On voit sautiller des bergeronnettes qui viennent manger des vers.

591. Relevez les verbes et mettez à la suite les infinitifs. Écrivez : *Surveille, verbe surveiller.*

Le troupeau.

Le berger surveille ses moutons. Les brebis broutent l'herbe menue, les agneaux gambadent autour de leurs mères. Le chien tourne activement autour des moutons, il ramène les bêtes qui s'écartent des autres, il jappe, et sa gueule serre un peu la patte des récalcitrants.

592. DICTÉE : *Le vigneron.*

De bon matin, on voit le vigneron aller au travail ; il porte une pioche pour biner le sol, un sécateur pour tailler la vigne ; sur le dos, il a une hotte pour rapporter le sarment.

EXERCICES SUR LA DICTÉE

593. Copiez les verbes à l'infinitif et conjuguez-les au présent de l'indicatif avec *nous* et *vous*.

594. Écrivez la dictée au pluriel. *Les vignerons...* (Les infinitifs ne varient pas).

595. ✤ LECTURE : ***Les Alpes.***

Jean a fait avec son parrain un beau voyage dans les Alpes. Le petit garçon a été émerveillé lorsqu'il a aperçu les sommets étincelants de blancheur. « Grimpons, lui dit son parrain, jusqu'à l'endroit où la verdure s'arrête, tu sentiras comme il y fait froid. Le soleil d'été lui-même n'est jamais assez chaud pour fondre la neige accumulée là-haut. Quelques pâtres montent avec des troupeaux jusqu'au pied des glaciers, pour leur faire pâturer l'herbe courte et parfumée. Mais plus haut, tout est glace et solitude. »

EXERCICES SUR LA LECTURE

596. ✤ (*Oral*). 1. Où se trouvent les Alpes? — 2. Qu'est-ce qui a émerveillé Jean? — 3. Qu'y a-t-il toujours sur ces hauteurs? — 4. Toute cette neige fond-elle en été? — 5. Aimeriez-vous à voyager?

597. ✤ Complétez le récit suivant : Avec son parrain, Jean a visité ... il a aperçu ... Là-haut, il fait ... Quelques pâtres ...

---

598. ✤ VOCABULAIRE : ***La montagne.***

Mont, montagnard, précipice, pic, gorge, col, colline, plateau, flanc, sommet, cime, glace, glacier. Pays montueux, montagneux, escarpé. Monter, gravir, escalader, franchir.

EXERCICES SUR LE VOCABULAIRE

599. ✤ Copiez les noms qui désignent des parties de la montagne.

600. ✤ Conjuguez au présent et au passé : *ne pas gravir la montagne.*

601. ✤ Complétez l'exercice suivant par les mots convenables : De hardis voyageurs — les pentes des —; ils en (escalader) les précipices; ils — les crevasses des —; ils — jusqu'au sommet des — les plus élevés; ils jouissent alors d'un admirable spectacle.

602. REVISION : LES MODES

Il y a plusieurs **modes** dans le verbe :

Le verbe est à l'**indicatif** quand on *indique* simplement qu'une chose a été faite, qu'elle se fait ou qu'elle se fera : *J'ai chanté, je chante, je chanterai. Tu pâlis, tu pâliras.*

Le verbe est à l'**impératif** quand on commande ou qu'on demande de faire une chose : *Chante, Obéissez, Aidez*-moi.

A la fin d'une phrase qui contient un verbe à l'impératif, on met souvent un signe appelé **point d'exclamation** ! : *Sauvons-nous ! Circulez !*

Le verbe est à l'**infinitif** quand il nomme simplement l'action dont on parle : *Chanter, obéir.*

EXERCICES SUR LA LEÇON

603. Dans la LECTURE, copiez cinq verbes à l'indicatif et un verbe à l'impératif.

604. Dites à quel mode sont les verbes :

On a élevé Henri IV à la campagne ; on l'a habitué de bonne heure à courir par les champs, à gravir les montagnes, à sauter et à chasser. Roi, il a aimé à vivre au milieu des soldats et à partager leur dure existence.

605. Conjuguez à l'impératif, les verbes *gravir, sauter, chasser.*

606. Ajoutez l'infinitif convenable :

Avec une bêche, on peut —; avec une pioche, on peut —; avec une herse, —; avec un rouleau, —; avec un plantoir, —; avec une faux, —.

607. Mettez au pluriel.

Ma petite amie, aie le courage de dire toujours la vérité, sois franche, ne rougis pas d'avouer tes fautes; sois douce envers les animaux, ne maltraite jamais ceux de la maison.

608. Écrivez à l'infinitif tous les verbes du texte précédent.

609. DICTÉE : *L'avalanche.*

Figurez-vous une montagne aux pentes rapides et couvertes de neige ; une énorme masse peut se détacher de son flanc et rouler de plus en plus vite ; elle renverse tout sur son passage : c'est une avalanche.

EXERCICES SUR LA DICTÉE

610. Copiez les verbes en indiquant à quel mode ils sont.

611. Conjuguez au présent de l'indicatif et au présent de l'impératif : *rouler et renverser tout.*

612. Copiez les noms de la DICTÉE et mettez-les au pluriel.

613. Analysez le verbe *renverse*, en indiquant son sujet et ses compléments.

614. RÉCITATION : ***Le petit bateau.***

« Petit bateau, coque de noix,
Je tremble lorsque je te vois
T'engager sur la mer immense!
Dis-moi : qui t'appelle au loin? Où vas-tu?
La voile se gonfle à ton mât pointu,
Le flot te balance...
Pourquoi tenter le vent, la mort?
Il faisait si bon dans le port,
A l'abri du gros temps et de la vague folle? »
Le petit bateau répondit :
« Il faisait si bon dans ton lit;
N'es-tu pas allé, pourtant, à l'école? » ALEXIS NOËL.

---

615. VOCABULAIRE : ***La mer.***

Océan, golfe, baie, cap, port, navire, vaisseau, bateau, barque, matelot, mousse, capitaine, tempête, naufrage, phare. Marin, sous-marin, maritime. Mer calme, agitée, houleuse, démontée. Naviguer, embarquer, débarquer, sombrer.

EXERCICES SUR LE VOCABULAIRE

616. Écrivez les verbes au présent de l'indicatif avec un sujet : *Le vaisseau navigue ...*

617. Complétez le texte suivant :

On — sur la mer dans des vaisseaux, des — ou des —. Les navires sont dirigés par des —; les jeunes matelots s'appellent des —. Quand une — est annoncée, les bateaux se hâtent de rentrer au —. Le — éclaire les marins pendant la nuit.

618. ✤ LEÇON : PRONOMS COMPLÉMENTS DIRECTS *1re et 2e personne du pluriel.*

— Mon petit Jean, qui salues-tu ? — Mesdames, je *vous* salue. Je salue qui ? *Vous.*

Vous est donc le complément direct du verbe *salue.*

Les dames se disent : Jean est un enfant poli, il *nous* salue. Jean salue qui ? *Nous.*

Nous est encore le complément direct de *salue.*

Je sais déjà que ces mêmes pronoms **nous, vous,** sont souvent sujets d'un verbe : *Nous* étudions, *vous* dessinez. Dans : je *vous* salue, il *nous* salue, ces pronoms sont compléments directs.

Les pronoms personnels sont souvent **sujets** *d'un verbe ; ils peuvent être aussi* **compléments directs.**

Les pronoms personnels de la 1re et de la 2e personne du pluriel **nous, vous,** *sont tantôt sujets, tantôt compléments directs. Ils ne changent pas de forme.*

EXERCICES SUR LA LEÇON

619. ✤ Copiez en soulignant les pronoms compléments directs :

Beaucoup d'animaux nous servent : le cheval nous traîne, la vache nous nourrit, le chien nous garde des voleurs, le chat nous débarrasse des souris. Enfants, ne vous amusez jamais à faire souffrir les animaux.

620. ✤ Ajoutez les pronoms convenables :

Enfants, vous devez — aimer les uns les autres ; il faut — entr'aider au lieu de — quereller. Quand vous — accordez bien, votre conscience — approuve, et nous — réjouissons de — voir unis.

621. ✤ DICTÉE : *Au bord de la mer.*

Le temps est chaud, nous nous levons tôt, nous nous habillons légèrement. Bientôt notre père nous appelle, nous nous rendons au bord de la mer et nous nous baignons.

EXERCICES SUR LA DICTÉE

622. ✤ Copiez les pronoms compléments et indiquez les verbes qu'ils complètent.

623. ✤ Écrivez la DICTÉE en mettant *vous* au lieu de *nous* :

Le temps ..., vous vous levez ....

624. ✤ Analysez : *Le temps est chaud.*

625. ✤ Écrivez au futur : *nous nous déshabillons, et nous nous baignons dans la mer,* puis rendez ces phrases négatives.

626. LEÇON : PRONOMS COMPLÉMENTS DIRECTS *1re et 2e personne du singulier.*

J'ai dit à papa : Conduis-*moi* dans ta voiture, et mon père va *me* mener aux champs. Prépare-*toi*, mon petit frère, papa *te* mènera aussi.

J'ai demandé à mon père de conduire qui? *Moi.* Mon père va mener qui? Il va *me* mener. Les mots **moi, me** sont donc des compléments directs. Ils remplacent mon nom, ce sont donc des pronoms personnels de la 1re personne. Mais *moi* est après le verbe, *me* est avant.

Toi, te, sont aussi des compléments directs. Ils remplacent le nom de la personne à qui je parle; ce sont donc des pronoms personnels de la 2e personne. Mais *toi* est après le verbe, *te* est avant.

Lorsque le pronom personnel de la 1re personne du singulier est complément direct, ce pronom est* moi *après le verbe,* me *avant le verbe.

Lorsque le pronom personnel de la 2e personne du singulier est complément direct, ce pronom est* toi *après le verbe,* te *avant le verbe.

EXERCICES SUR LA LEÇON

627. Copiez en mettant 1re p. ou 2e p. sous les pronoms compléments directs.

Crois-moi, enfant, couche-toi dès que tu te sens fatigué, lève-toi dès que tu t'éveilles; lave-toi souvent. Ainsi tu te porteras bien et tu me remercieras plus tard de mes conseils.

628. Ajoutez les pronoms convenables :

Je — promenais sur le bord de la rivière, tu — baignais avec tes amis : Vous — divertissiez beaucoup. Tu — as appelé : Regarde- — donc. Je — ai regardé nager, tu seras un bon nageur.

629. VOCABULAIRE : *L'animal.*

Bête, mammifère, oiseau, poisson, reptile, insecte, papillon, mollusque, microbe. Sauvage, féroce, herbivore, carnivore. Grandir, sauter, ramper, voler, nager.

EXERCICES SUR LE VOCABULAIRE

630. Complétez le texte suivant:

Le ... le ... la ... et le ... sont herbivores; le ... et la ... sont sauvages.

631. Conjuguez au présent et au passé :

Amorcer le poisson et le pêcher.

632. ✤ LEÇON: PRONOMS COMPLÉMENTS DIRECTS

3e pers. du singulier et du pluriel.

La gravure représente un cheval. Un enfant *le* regarde : regardons-*le* aussi.

Je n'ai pas répété les mots *un cheval;* je les ai remplacés par **le**, qui est donc un pronom de la 3e personne au masculin singulier. Ce pronom est complément direct de *regarde*.

La gravure montre aussi une vache; je *la* regarde. **La**, qui remplace le mot *vache*, est un pronom de la 3e personne au féminin singulier.

Les animaux boivent l'un après l'autre. Je *les* regarde. **Les** remplace *animaux*, c'est un pronom de la 3e pers. du pluriel.

Lorsque le pronom personnel de la 3e personne est complément direct, ce pronom est :

le, *au masculin singulier :*
la, *au féminin singulier :*
} **les,** *au pluriel.*

EXERCICES SUR LA LEÇON

633. ✤ Copiez en soulignant les pronoms compléments. Indiquez les noms qu'ils remplacent :

Le chien mord si on le tourmente, l'abeille pique si on la saisit, le chat griffe si on le taquine, les oiseaux s'envolent quand on les approche, le lièvre s'enfuit quand le chien le chasse.

634. ✤ Ajoutez le pronom convenable :

Le médecin soigne un malade, il cherche à — guérir; il écrit une ordonnance, on — portera au pharmacien, il commande des remèdes, le malade doit — prendre; il conseille une promenade, il faut — faire.

635. ✤ DICTÉE : *L'été.*

L'été me rend gai; il te réjouit aussi, gentille alouette, tu le chantes dans ta chanson matinale; tu encourages les moissonneurs dans les blés mûrs. Le soleil les hâle, mais la chaleur ne semble pas les incommoder.

EXERCICES SUR LA DICTÉE

636. ✤ Analysez les pronoms personnels compléments directs.

637 ✤ Classez les [illegible] d'après la personne.

638. ✤ Conjuguez au présent et au futur :

[illegible] chaleur m'incommode-t-elle ?... [illegible]mmode-t-elle ?

639. RÉCITATION : *La vipère.*

René disait à Jean : « Le maire de chez nous
Donne, en prime, cinq sous
Par tête de vipère qu'on lui porte. »
Jean répliqua : « Cinq sous, certes, c'est de l'argent!
Et si je ramassais une vipère morte,
J'en porterais la tête, au maire, sur-le-champ.
Mais quant à les chasser, je n'y tiens guères,
Car ça mord, tu sais, les vipères!... »
Il avait à peine achevé,
Qu'un serpent brun et vert, au front marqué d'un V,
Siffle dans l'herbe, et devant eux, se dresse.
Jean se sauve. René, plein d'audace et d'adresse,
D'un seul coup de bâton coupe la bête en deux.
Alors, d'aussi loin qu'il peut, Jean lui crie :
« Grand sot, pour de l'argent, tu vas risquer ta vie!...
— Non, répondit René, des larmes dans les yeux,
En montrant le serpent tordu comme une corde,
Mais j'avais peur qu'il ne te morde! »

A. Noël.

640. VOCABULAIRE : *Les animaux nuisibles.*

Sanglier, loup, renard, fouine, belette, rat, souris, vipère, aigle, guêpe, hanneton, sauterelle, fourmi, chenille. Carnassier, vorace, rongeur, venimeux. Dévorer, ronger, gâter, piquer.

EXERCICES SUR LE VOCABULAIRE

641. Écrivez les noms d'animaux, en les mettant au pluriel.

642. Conjuguez au présent et au futur : *Je ne redoute pas le loup. Je ne redouterai...*

643. Mettez le mot convenable : Le — se retire dans sa bauge, le — vit dans son terrier, le — s'enfuit dans un trou, le — rôde autour des bergeries, la — se cache dans les murs.

644. LEÇON : LE COMPLÉMENT INDIRECT

Si je dis : J'ai prêté un livre, — *un livre* est le complément direct de *ai prêté*. On sait ce que j'ai prêté, mais on ne sait pas à qui je l'ai prêté.

Si je dis : J'ai prêté un livre *à mon voisin*, on sait maintenant à qui j'ai prêté un livre ; les mots *à mon voisin* répondent à la question *j'ai prêté un livre à qui?* Ils sont aussi un **complément** du verbe *ai prêté*.

Si je dis : La charrue sert *à labourer*, — les mots *à labourer* expriment à quoi sert la charrue. Ils sont un *complément* du verbe *sert*.

Les compléments *mon voisin*, *labourer* ne sont pas des compléments *directs;* ils sont rattachés *indirectement* au verbe par le mot *à;* ce sont des **compléments indirects.**

Un* complément indirect *est ce qui répond à la question que l'on fait en mettant* à qui, à quoi, *après le verbe précédé de son sujet.

L'infinitif précédé de à peut être complément indirect.

EXERCICES SUR LA LEÇON

645. Copiez en soulignant les compléments indirects.

La chauve-souris ne nuit pas à nos récoltes comme sa cousine la souris; au contraire, elle s'attaque à des insectes très nuisibles : les mouches, les papillons. Elle contribue donc à la conservation de nos légumes et de nos fruits.

646. Dans la RÉCITATION, copiez les vers où se trouvent des compléments indirects.

647. DICTÉE : *Le ver blanc.*

Le ver blanc s'attaque aux racines des plantes, il nuit beaucoup aux récoltes. Si on ne parvient pas à le détruire, il devient un hanneton, et cause des dégâts aux arbres. Le cultivateur fait la guerre à cet insecte nuisible.

EXERCICES SUR LA DICTÉE

648. Copiez les compléments indirects. Dites : *Le ver blanc s'attaque à quoi?*

649. Conjuguez au présent et au futur : *A qui penses-tu? — Je pense à mes parents ... A qui pense-t-il?*

650. Trouvez des compléments indirects :

La chenille s'attaque ... La grêle nuit... Je ne parviens pas ... Les rats causent des dégâts ... L'hirondelle fait la guerre ....

651. RÉCITATION : *L'agneau chéri.*

O mon petit agneau chéri,
Tout frisé de la tête aux pattes,
Plus caressant que nos deux chattes
Et plus turbulent qu'un cabri.

O mon petit agneau que j'aime,
Chaque matin je cueillerai
L'herbe la plus fraîche du pré,
Et te la porterai moi-même.

Autour de ton cou blanc et rond,
Je veux mettre une faveur bleue,
Un petit nœud rose à ta queue,
Un petit nœud d'or à ton front.

Quand ta toilette sera faite,
Tu ressembleras, mon mouton,
Au mouton de laine et carton
Que l'on m'a donné pour ma fête.

ALEXIS NOËL.

EXERCICES SUR LA RÉCITATION

652. (*Oral*). 1. Qui parle ainsi de son agneau? — 2. La petite fille aime-t-elle bien son agneau? — 3. Qu'est-ce qu'un cabri? — 4. Comment l'appelle-t-on encore? — 5. Avec quoi nourrit-on les agneaux?

653. 1. Qu'est-ce que la petite fille cueillera pour son agneau? — 2. Que lui mettra-t-elle autour du cou? — 3. Que mettra-t-elle à son front? — 4. Que mettra-t-elle à sa queue? — 5. L'agneau sera-t-il beau?

654. VOCABULAIRE : *Les animaux utiles.*

Hérisson, taupe, crapaud, couleuvre, hibou, chouette, hirondelle, pinson, fauvette, rossignol, chardonneret, abeille, ver-à-soie. Nocturne, chanteur, insectivore. Chanter, filer, protéger, dénicher.

EXERCICES SUR LE VOCABULAIRE

655. Complétez le texte suivant :

Le — charme nos oreilles à l'approche de la nuit, le — découvre des rats malgré l'obscurité, l' — nous prépare le miel, le — file un cocon.

656. Écrivez au singulier et au pluriel les noms d'oiseaux utiles.

657. Conjuguez au présent et au passé :

Ne pas dénicher les oiseaux.

658. LEÇON : LA PRÉPOSITION

Je dis *à* mon voisin : le râteau sert *à* faner.

Les mots *mon voisin* sont un complément indirect de *dis* : le mot *faner* est un complément indirect de *sert*. Devant ces compléments se trouve le petit mot **à**. Ce n'est pas le même mot que le verbe **a** ; en l'écrivant, on lui met un accent grave.

C'est une **préposition**, elle rattache le complément indirect au verbe qui précède.

Si je vois deux tables, l'une en chêne, l'autre en sapin, pour parler de la première, je dirai : la table **de** chêne ; sans cela, on ne saurait pas de laquelle je parle ; *chêne* est un complément de *table* ; il y est rattaché par le mot **de**, qui est aussi une **préposition**.

La **préposition** *est un mot qui sert à rattacher un complément au mot qu'il complète :*

à, de *sont des* **prépositions.**

Lorsque **à** *est préposition, on l'écrit toujours avec un accent grave.*

EXERCICES SUR LA LEÇON

659. Copiez dans la RÉCITATION les vers où se trouvent une préposition.

660. Dites à quel mot chaque préposition soulignée rattache le complément qui suit :

Un bateau passe *sur* le canal ; il s'engage *sous* un pont. Il porte *dans* le milieu un grand mât *de* sapin. Deux chevaux tirent le bateau *par* une corde attachée *à* ce mât.

661. Complétez le texte suivant avec les prépositions *à*, *de*, *sur*, *en*, *par*, *entre* :

Le moulin est bâti — le bord — la rivière — l'ombre — grands peupliers. L'eau est retenue — un barrage ; elle tombe — une grande roue qui se met — mouvement. Le blé passe — deux meules — pierre très dure que fait tourner la roue.

662. DICTÉE : *Le faucheur.*

Regardez le faucheur à la figure brunie par le soleil de l'été. Il a sur la tête un large chapeau de paille ; le col de sa chemise est ouvert. Maniée dans ses mains vigoureuses, la faux tranche l'herbe de la prairie.

EXERCICES SUR LA DICTÉE

663. Copiez en soulignant les prépositions que vous connaissez.

664. Écrivez la DICTÉE au pluriel.

665. Les mots *par*, *sur*, *dans*, sont aussi des prépositions. Indiquez les compléments qu'elles précèdent.

Régions chaudes.

666. ✤ LECTURE : ***La terre.***

Nous vivons sur la terre. C'est une planète dont la forme est à peu près celle d'une boule, mais d'une boule énorme; il faut bien longtemps pour faire le tour du globe, même en chemin de fer et en bateau à vapeur.

Toute la terre n'est pas également habitable; de vastes régions sont couvertes de glaces, d'autres sont brûlées par le soleil.

Nous avons l'avantage de vivre dans une contrée tempérée. Notre patrie, la France, fait partie d'un continent où se sont groupées de grandes nations : c'est l'Europe.

Régions froides.

EXERCICES SUR LA LECTURE

667. ✤ (*Oral*). 1. Comment se nomme notre planète? — 2. Connaissez-vous d'autres planètes? — 3. Comment fait-on le tour de la terre? — 4. Quel est le climat de la France?

668. ✤ Quelle est la forme de la terre? — 2. Est-elle habitée partout? — 3. Quels sont les pays les plus peuplés? — 4. L'Europe est-elle bien peuplée?

---

669. ✤ VOCABULAIRE : *La terre.*

Univers, monde, globe, sphère, pôle, continent, île, presqu'île, pays, contrée. Terrestre, géographique, sédentaire, nomade. Parcourir, explorer, découvrir, traverser.

EXERCICES SUR LE VOCABULAIRE

670. ✤ Conjuguez au présent, au passé : *Ne pas traverser mon pays.* Au futur, écrivez : *Je traverserai peut-être ...*

671. ✤ Complétez ce texte :

Notre planète se nomme —; elle a la forme d'un —. On y distingue la mer et les —; au milieu des mers, on trouve parfois des —. Sur la terre, il y a des populations — et ....

672. LEÇON : L'ARTICLE CONTRACTÉ

Quand je dis : Je vais *à la* maison, je viens *de la* grange, je mets l'article féminin singulier *la* après les prépositions *à*, *de*, sans rien changer à l'article ni à la préposition.

Quand je dis : Je vais *à l'*école, je grimpe *à l'*arbre, je sors *de l'*étable, j'approche *de l'*escalier, devant les noms *école*, *arbre*... féminins ou masculins, l'article est réduit à *l'*, parce que ces noms commencent par une voyelle.

Si je dis : Je vais *au* pré, je viens *du* jardin, devant les noms *pré*, *jardin*, qui sont masculins et commencent par une consonne, l'article *le* s'est réuni, tantôt avec *à* pour former un seul mot **au** (et non *à le*), tantôt avec *de* pour former un seul mot **du** (et non *de le*).

Si je me sers de noms au pluriel : Je crois *aux* paroles *des* honnêtes gens, je ne réponds pas *aux* injures *des* méchants, l'article *les* est toujours réuni aux prépositions *à*, *de*, que les noms soient masculins ou féminins, qu'ils commencent par une voyelle ou par une consonne.

Au pluriel,* à *et* de *se* contractent *toujours avec l'article* les. *On dit :* aux *champs,* des *vignes, et non pas* à les *champs,* de les *vignes.

Au singulier,* à *et* de *se contractent avec l'article masculin* le *devant les mots qui commencent par des consonnes :* au *jardin* du *père, et non* à le *jardin* de le *père.

***Les mots* au, aux, du, des *sont des* articles contractés.**

EXERCICES SUR LA LEÇON

673. Copiez les articles contractés et les noms qui les suivent :

La boussole sert aux marins pour reconnaître leur route au milieu des mers. L'invention du précieux instrument fut un des événements les plus heureux du passé ; elle a permis aux navigateurs de quitter les routes anciennes et d'aller à la recherche des terres inconnues.

674. Écrivez convenablement les mots mis entre parenthèses :

Les habitudes (*de les*) nomades sont bien différentes de celles (*de les*) peuples sédentaires. Ils ne s'attachent pas (*à le*) sol, ne s'appliquent pas (*à la*) culture (*de la*) terre. Ils renoncent (*à le*) pays qu'ils occupent dès qu'il ne suffit plus (*à la*) nourriture (*de les*) animaux (*de la*) tribu.

675. Remplacez chaque tiret par un des noms du VOCABULAIRE précédés de *de l'*, *de la* ou *du*.

L'homme ne connaît pas encore toute la surface —. Mais de hardis navigateurs affrontent les glaces — à la découverte — inhabitée dont on suppose l'existence au nord — européen. Peu à peu l'homme se rend maître —.

676. LEÇON : COMPLÉMENT CIRCONSTANCIEL

Si je dis seulement : *J'ai remis ma plume*, ma phrase n'est pas complète ; on ne sait pas où j'ai remis ma plume. Mais si si je dis : *J'ai remis ma plume dans mon sac*, je dis le lieu où j'ai remis ma plume.

Les mots *dans mon sac* sont un complément du verbe; ce complément marque le lieu, c'est un *complément de lieu*. Il est rattaché au verbe par le mot *dans*, qui est une préposition.

Si je dis : *Mon cahier est sur la table, j'ai mon livre sous le bras; — sur la table, sous le bras* sont des compléments de lieu; *sur*, *sous*, sont des prépositions.

Quand je dis : *J'ai écrit à huit heures. La fête a lieu dans deux jours; —* les mots *à huit heures*, *dans deux jours* sont aussi des compléments, mais ils marquent le temps; ce sont des *compléments de temps*.

Le lieu, le temps, sont les *circonstances* dans lesquelles se font les actions exprimées par le verbe.

Les compléments du verbe qui indiquent des circonstances de lieu, de temps, sont des **compléments circonstanciels.**

Ils sont ordinairement rattachés au verbe par les prépositions **dans, sur, sous,** *etc.*

EXERCICES SUR LA LEÇON

677. Ajoutez les compléments convenables :

L'écolier étudie dans ..., la modiste pique des fleurs dans ..., le mineur travaille ..., la blanchisseuse lave ..., le député parle ...

678. Complétez par les noms convenables :

On voit avec ..., on sent avec ..., on entend avec ..., on saisit avec ..., on nage sur ..., on marche sur ..., on glisse sur ...

679. VOCABULAIRE : *La vie en société.*

Peuple, nation, gouvernement. République, État, département, arrondissement, canton, commune. Citoyen, électeur, maire, député, sénateur. Vie publique, suffrage universel, impôt direct, indirect. Gouverner, administrer, voter, nommer.

EXERCICES SUR LE VOCABULAIRE

680. Complétez :

J'habite la — de —; elle fait partie du — de — et de l' — de —. Notre — est administrée par un —. Son conseil est élu par les — au —.

681. Conjuguez au futur : *Voter à sa majorité et acquitter l'impôt.*

682. REVISION : COMPLÉMENTS DU VERBE

Un verbe a plusieurs sortes de *compléments :*

1° Le **complément direct** est le complément qui n'est rattaché au verbe par aucune préposition. *Le soldat écrit* **une lettre.**

Pour trouver un complément direct, on met *qui* ou *quoi* après le verbe précédé de son sujet. Ce qui répond à cette question est un complément direct : Le soldat écrit quoi? *Une lettre.*

2° Le **complément indirect** est le complément qui est ordinairement rattaché au verbe par la préposition *à : Le soldat écrit* **à ses parents.**

Pour trouver un complément indirect, on met *à qui, à quoi,* après le verbe précédé de son sujet. Ce qui répond à cette question est un complément indirect : Le soldat écrit à qui? *à ses parents.*

3° Le **complément circonstanciel** est le complément qui indique une *circonstance* de l'action dite par le verbe : *Le soldat écrit* **après son service.**

Pour trouver un complément circonstanciel, on met l'un des mots *quand, où, avec qui, sur quoi* après le verbe précédé de son sujet. Ce qui répond à cette question est un complément circonstanciel : Le soldat écrit quand? *après son service.*

EXERCICE SUR LA LEÇON

683. Copiez les compléments circonstanciels :

Un incendie se déclare à la ferme; une épaisse fumée noire sort des fenêtres et du toit de la maison. Tout le monde accourt avec des seaux pleins d'eau pour éteindre le feu. Les pompiers arrivent au pas de course; ils lancent de l'eau sur le brasier.

---

684. DICTÉE : *Le livre d'images.*

Eugène a bien travaillé au grenier : il a rangé le bois après la classe. Son père a donné un bel album d'images à ce bon petit aide. Le garçon feuillette avec joie son livre.

EXERCICE SUR LA DICTÉE

685. Indiquez les divers compléments des verbes.

686. ✤ RÉCITATION : ***Le grand-père.***

Le grand-père est assis dans son fauteuil de paille :
A droite, le chien jaune, à gauche, le chat gris,
L'un songeant à la chasse, et l'autre à ses souris...
Mais le grand-père, lui, ne songe pas, il bâille.

Il bâille, car ce soir, il lui tarde beaucoup
D'entendre revenir petit Jean de l'école ;
Il aime de l'enfant la turbulence folle,
Son sourire, ses yeux, son geste, sa voix, tout.

Mais soudain, petit Jean rentre et se précipite
Au cou du bon vieillard, qui tremble en le voyant :
« — Avons-nous été sage, attentif, peu bruyant ?
Et notre fable, Jean, comment l'avons-nous dite ?

— J'ai gagné deux bons points, grand-père, presque trois :
Un bon point d'écriture, un autre de mémoire.
Dis, grand-père, veux-tu raconter une histoire ? »
Et grand-père commence : « Il était une fois... »

ALEXIS NOËL.

EXERCICES SUR LA RÉCITATION

687. ✤ *(Oral).* 1. Où est le grand-père ? — 2. Quels animaux sont à côté de lui ? — 3. A qui pense le vieillard ? — 4. Que fait d'abord Jean en rentrant ? — 5. A-t-il été sage ?

688. ✤ Complétez le récit suivant : Un vieillard est assis dans ... ; il attend son ... qui est ... L'enfant rentre, il annonce à ... qu'il a gagné ... Le grand-père content va ...

689. ✤ Conjuguez au présent et au futur :

Mon grand-père me gâte, je l'aime beaucoup. Ton grand-père le...

690. ❦ LEÇON : L'ADVERBE

Quand je dis : J'ai des billes dans ma poche, — *dans ma poche* est un complément circonstanciel qui dit où sont mes billes.

Je puis dire aussi : Tâte ma poche, mes billes sont *dedans*. — *Dedans* dit aussi où sont mes billes; c'est également un complément qui marque le lieu; ce complément ne renferme plus le nom *poche*, il est formé d'un seul mot, *dedans*. *Dedans*, complément ajouté au *verbe*, s'appelle un **adverbe.**

Le vent a soufflé hier. Le mot *hier* est un mot complément qui dit à lui tout seul dans quel temps le vent a soufflé. *Hier* est un **adverbe.** — *Le lièvre court vite. Vite* dit comment le lièvre court; c'est aussi un **adverbe.**

Dedans, hier, vite, s'écrivent toujours de même, qu'ils complètent un verbe au singulier ou au pluriel; ils sont **invariables.**

Un **adverbe** *est un mot invariable qui s'ajoute au verbe pour dire en quel lieu, en quel temps, comment se fait une action.*

Il y a des **adverbes de lieu,** *comme* **dedans, dessus, près;** *des* **adverbes de temps,** *comme* **hier, aujourd'hui, demain; des adverbes de manière,** *comme* **vite, bien.**

EXERCICES SUR LA LEÇON

691. ❦ Copiez les adverbes :

Les gens qui passent rapidement à travers le pays sur une bicyclette ont vraiment de la chance; ils ne rentrent tard que s'ils le veulent bien. Moi, j'ai tout simplement mes jambes, et la nuit viendra bientôt. Mais je marche vivement, vivement; avec du cœur, on arrive toujours.

692. ❦ Ajoutez l'un des adverbes *autrefois, maintenant.*

— notre pays a été sans communications, — nous avons des chemins de fer; — on allait en diligence sur les routes, — des automobiles y circulent avec la vitesse de l'éclair.

693. ❦ DICTÉE : *Richesse de la France.*

En France, il y a eu autrefois beaucoup de marais et de landes. Mais on les défriche partout aujourd'hui. Des blés, des betteraves, des vignobles poussent maintenant où jadis s'étalaient tristement des plaines de sable.

EXERCICES SUR LA DICTÉE

694. ❦ Copiez les verbes avec les adverbes qui les accompagnent.

695. ❦ Analysez : *Des vignobles poussent maintenant.*

696. ❦ Avec les adverbes *demain, aujourd'hui, hier,* conjuguez au présent, au passé et au futur :

Défricher son champ.

697. LEÇON : — LA CONJONCTION

Le printemps *et* l'automne sont des saisons agréables, nous pouvons alors courir *et* jouer.

Le verbe *sont* a deux sujets : *le printemps, l'automne;* je ne les réunis pas par une préposition, parce que le deuxième mot, *l'automne*, n'est pas le complément du premier, *le printemps;* je les réunis par *et*. Le verbe *pouvons* a deux compléments directs : *courir*, *jouer;* ils sont aussi unis par *et*.

Entrez *ou* sortez, ne fermez pas la porte *ni* la fenêtre. Bébé tombe, *mais* il ne pleure pas.

Les deux verbes *entrez, sortez*, sont unis par *ou*. Les deux compléments : *la porte, la fenêtre*, sont réunis par *ni*. Les deux phrases *Bébé tombe, il ne pleure pas*, sont unies par *mais*.

Et, ou, ni, mais, qui joignent les mots ou les phrases, qui font leur *jonction*, s'appellent des **conjonctions**. Ces mots s'écrivent toujours de même : ils sont *invariables*.

Une **conjonction** *est un mot invariable qui sert à unir deux phrases, ou deux mots qui ne sont pas compléments les uns des autres, mais qui sont tous deux verbes, sujets, compléments, etc.*

Et, ou, ni, mais, car.... *sont des conjonctions.*

EXERCICES SUR LA LEÇON

698. Copiez en soulignant les conjonctions :

Le maître ouvre la porte et les élèves sortent : Grands ou petits se mettent à jouer au ballon ou aux billes; on entend des cris, mais pas de disputes, car tous s'aiment bien.

699. Remplacez chaque tiret par l'une des conjonctions *et, ou...* :

A la cuisine, le réchaud — le fourneau chauffent, la cheminée tire bien — elle fume, le charbon — la suie salissent, la ménagère met un poulet à la broche — au four.

700. VOCABULAIRE : *Les vacances.*

Congé, repos, délassement, distraction, loisir, fête, jeu, promenade, voyage, voyageur, voiture, bateau. Train rapide, express, omnibus. Etre inactif, inoccupé, oisif. Courir voyager, flâner. Gaiement, joyeusement, gentiment.

EXERCICE SUR LE VOCABULAIRE

701. Complétez ce texte :

J'aime beaucoup les —. Elles commencent cette année le — et finiront le —. Pendant ce long —, je ne resterai pas —. Je ferai des —; j'irai peut-être en — avec mes parents.

702 REVISION : LES MOTS VARIABLES

La **Grammaire** enseigne à bien parler et à écrire sans fautes.

Nous parlons et nous écrivons au moyen de **mots**.

Il y a des mots de plusieurs espèces. Les uns sont *variables*, les autres *invariables*.

Les mots variables sont : le *nom*, le *verbe*, ce sont les plus importants ; en outre l'article, l'adjectif, le pronom.

Un **nom** est du **genre** masculin, comme *garçon*, *cheval*, ou du genre féminin, comme *maison*, *herbe*.

Il peut être au **nombre** singulier : *une tête*, ou au pluriel : *quatre pattes*.

L'**article** précède souvent le nom et s'accorde en genre et en nombre avec ce nom. Il y a un article **défini** : *le, la, les* : **le** *garçon*, **la** *maison*, **les** *plantes ;* et un article **indéfini** : *un, une, des* : **un** *cheval*, **une** *barrière*, **des** *feuilles*.

Le **pronom** remplace le nom et s'accorde en genre, en nombre et en personne avec ce nom : *Le cheval est tranquille*, **il** *paraît doux. La barrière est solide*, **elle** *supporte l'enfant*.

Le nom est quelquefois accompagné d'un **adjectif** qui le *qualifie* et qui s'accorde en genre et en nombre avec lui : *un* **fort** *cheval*, *une* **forte** *jambe*, *des crins* **forts**.

EXERCICES SUR LA REVISION

703. Copiez les noms en en indiquant le genre et le nombre :

Les *bêtes* sont moins méchantes que les *hommes*. Voyez le *cheval*. Ses *conducteurs* le frappent et l'attellent souvent à des *voitures* trop lourdes. Malgré cela, pourvu qu'on lui donne une maigre *ration* d'*avoine* et de *foin*, il met toute sa *force* à nous servir.

704. Analysez les articles de l'exercice précédent.

705. Copiez tous les mots variables de l'exercice 703.

706. Copiez les pronoms en indiquant leur fonction :

Si vous avez couru et si vous êtes couvert de sueur, évitez de vous refroidir brusquement. Des enfants acharnés au jeu restent quelquefois dans un courant d'air ou bien ils boivent de l'eau froide. De semblables imprudences peuvent être fatales, elles peuvent occasionner la mort.

707. Ajoutez l'adjectif qualificatif convenable :

Les chemins de fer sont une chose —. Avant cette — invention, les lettres et les voyageurs étaient transportés par de — voitures qu'on appelait diligences. Les communications étaient — et le commerce ne pouvait être aussi —.

708. REVISION : LE VERBE

Le **verbe** est le mot le plus important.

Le verbe marque qu'un adjectif se rapporte à un nom ou à un pronom : *L'écolier* **est** *gai*, *il* **a été** *récompensé*.

Le verbe marque plus souvent que le sujet fait une action. *Les enfants* **reviennent** *de la distribution des prix, leurs mères* **regardent** *leurs récompenses.*

Le **sujet** du verbe est le mot qui indique la personne, l'animal ou la chose qui fait l'action exprimée par le verbe. Le sujet est souvent un nom ou un pronom.

Le verbe **s'accorde** en nombre et en personne **avec son sujet**.

Le **complément** du verbe est ce qui complète l'action exprimée par le verbe. Un verbe peut avoir des compléments **directs**, **indirects** et **circonstanciels**.

Un verbe a des **modes** : l'indicatif, l'impératif, l'infinitif, etc.

Dans certains modes, il y a plusieurs **temps** : un temps présent, un futur et un passé.

Beaucoup de verbes ont l'infinitif en **er** : *entrer, fermer;* d'autres en **ir** : *blanchir, réjouir;* un petit nombre se terminent par **oir** : *avoir*, ou par **re** : *être*.

709. EXERCICE DE CONJUGAISON

AIMER	*FINIR*	*AVOIR*	*ÊTRE*
	INDICATIF. — *Présent.*		
J' aim**e**	Je fin**is**	J' ai	Je suis
Tu aim**es**	Tu fin**is**	Tu **as**	Tu **es**
Il aim**e**	Il fin**it**	Il a	Il est
Nous aim**ons**	N. fin**issons**	N. av**ons**	N. sommes
Vous aim**ez**	V. fin**issez**	V. av**ez**	V. êtes
Ils aim**ent**	I. fin**issent**	I. **ont**	I. sont
	Futur.		
J' aim**erai**	Je fin**irai**	J' au**rai**	Je se**rai**
Tu aim**eras**	Tu fin**iras**	Tu au**ras**	Tu se**ras**
Il aim**era**	Il fin**ira**	Il au**ra**	Il. se**ra**
N. aim**erons**	N. fin**irons**	N. au**rons**	N. se**rons**
V. aim**erez**	V. fin**irez**	V. au**rez**	V. se**rez**
I. aim**eront**	I. fin**iront**	I. au**ront**	I. se**ront**
	Passé.		
J'ai **aimé** ...	J'ai **fini** ...	J'ai **eu** ...	J'ai **été** ...
	IMPÉRATIF.		
Aime Aimons Aimez	Finis Finissons Finissez	Aie Ayons Ayez	Sois Soyons Soyez

710. REVISION : LES MOTS INVARIABLES

Les mots invariables sont : l'*adverbe*, la *préposition*, et la *conjonction*.

L'**adverbe** est un mot qui sert à compléter le verbe pour dire dans quel lieu, dans quel temps, comment le sujet fait ce que dit le verbe : *J'habite* **ici**, *je rentre* **maintenant**, *je marche* **gaiement**.

La **préposition** est un mot qui sert à unir un complément au mot qu'il complète : *Je viens* **de** *l'école, je passe* **dans** *notre cour.*

La **conjonction** est un mot qui sert à unir les uns aux autres les mots qui sont verbes, sujets, compléments : *je rapporte une couronne* **et** *des prix, je chante* **ou** *je ris.*

EXERCICES SUR LA LEÇON

711. Copiez en mettant *a*, *p* ou *c* sous les *a*dverbes, *p*répositions ou *c*onjonctions en italique :

Aujourd'hui, la distribution des prix a eu lieu *à* l'école. Garçons *et* filles ont mis leurs habits *de* fête; les chevelures ont été *soigneusement* peignées. Jean a mérité un prix *pour* son assiduité *à* l'école *et* un autre *pour* ses progrès *en* langue française.

712. Ajoutez les mots invariables qui manquent :

Une école bretonne — autrefois. Le mobilier était des plus sommaires : six bancs — sapin, une table — laquelle huit élèves pouvaient écrire — la fois, — pour le maître une chaise — paille. Pas une carte — un tableau noir — les murs. D'ailleurs qu'en aurait-on fait?

713. DICTÉE : Les vacances.

L'année scolaire est déjà finie. Nous allons avoir un long congé. Nous nous reposerons et nous jouerons; nous aiderons aussi nos parents dans leur travail. Au mois d'octobre, nous retournerons, pleins d'entrain, à l'école.

EXERCICES SUR LA DICTÉE

714. Conjuguez sous la forme interrogative au présent, au passé et au futur :

Aider son père.

715. Sous chaque mot invariable, mettez l'une des lettres *a*, *p*, *c*.

716. Analysez :

L'année scolaire est déjà finie.

TABLE DES MATIERES

I. VOCABULAIRE. — II. GRAMMAIRE. — III. RÉCITATION ET LECTURE.

I. — VOCABULAIRE

OCTOBRE.

Étude des noms.

NOVEMBRE.

DÉCEMBRE :

Étude des adjectifs.

JANVIER :

Étude des verbes.

FÉVRIER :

Noms, adjectifs et verbes.

MARS.

AVRIL.

MAI.

JUIN.

JUILLET.

AOUT.

II. — GRAMMAIRE

OCTOBRE :

Les éléments du langage.

NOVEMBRE :

Le Nom.

DÉCEMBRE :

L'Adjectif.

JANVIER :

Le Verbe.

FÉVRIER :

La Personne.

MARS :

La personne (*suite*).

AVRIL :

Le Temps.

MAI :

Le Mode.

Les Compléments du verbe.

JUIN :

Les compléments du verbe (*suite*).

JUILLET et AOUT :

Les mots invariables.

REVISION GÉNÉRALE.

III. — RÉCITATION ET LECTURE

OCTOBRE : L'enfant.

NOVEMBRE : La famille et la maison.

DÉCEMBRE : En route pour l'école.

1204-03. — Coulommiers. Imp. Paul BRODARD. — 5-05.

www.ingramcontent.com/pod-product-compliance
Ingram Content Group UK Ltd.
Pitfield, Milton Keynes, MK11 3LW, UK
UKHW020114240726
13926UKWH00011B/1467

9 782013 574273